Ratgeber Malerei
Oberflächen und Strukturen

Karl-Heinz Morscheck

Ratgeber Malerei

Oberflächen und Strukturen

Die Deutsche Bibliothek - CIP-Einheitsaufnahme

Morscheck, Karl-Heinz:
Ratgeber Malerei: Oberflächen und Strukturen / Karl-Heinz
Morscheck. - Neuaufl. - Wiesbaden: Englisch, 1996
   ISBN 3-8241-0570-5
NE: HST

Die Ratschläge in diesem Buch sind von Autor und Verlag sorgfältig erwogen und
geprüft, dennoch kann eine Garantie nicht übernommen werden. Eine Haftung
des Autoren bzw. des Verlages und seiner Beauftragten für Personen-, Sach- und
Vermögensschäden ist ausgeschlossen. Eine gewerbliche Nutzung der Vorlagen
und Abbildungen ist verboten und nur mit ausdrücklicher Genehmigung des
Verlages gestattet.

Inhaltsverzeichnis

Vorwort

Die Welt um uns herum erscheint in einer unübersehbaren Fülle von Formen (usw.), Oberflächen und Strukturen. Letztere offenbaren sich oft erst dem zweiten Blick, einem genaueren Hinsehen, das bei der Oberfläche nicht haltmacht. Sie sind das Gefüge der Dinge. Nun sind Oberflächen deshalb nicht die „Cellophantüten" der Dingwelt. Sie sind sowohl Trennungs- als auch Verbindungsflächen der Dinge mit dem Außen. Oberflächen und Strukturen sind oftmals ohnehin nicht so säuberlich zu trennen.

Die bildliche Darstellung hat natürlich in erster Linie mit Oberflächen zu tun. Sie verlangt genaue Kenntnisnahme, ein Studium der Dinge. Um die Eigenart eines Dinges zu erfassen, muß also immer wieder hingesehen werden. Seine Darstellung auf dem Mal- oder Zeichengrund ist eine ganz andere Sache. Hier müssen die geeigneten Materialien ausgesucht werden, die jeweils für sich ein anderes Vorgehen erfordern. Fähigkeit und Bemühen spielen dann eine Hauptrolle.

Dieses Buch soll die Bemühung um einzelne Themen erleichtern. Da wird einmal die Eigenart der vorgestellten Dinge angesprochen. Dann gibt es viele Hinweise auf Möglichkeiten der Darstellung. Dabei mögen die abgebildeten Beispiele hilfreich sein.

An dieser Stelle möchte ich Natascha Beitz sehr danken. Ihre Mitarbeit und kritische Begleitung haben wesentlich zum Gelingen dieses Buches beigetragen.

Karl-Heinz Morscheck

Steine und Fels

Fels

Gewachsenen Fels jeder Art und Mächtigkeit findet man in allen Hochgebirgen der Erde. Um allerdings zu den kilometerhohen und eindrucksvollsten Wänden zu gelangen, bedarf es schon einiger Anstrengung. So hat die Erosion ungeheure Schuttflächen geschaffen, die den Fuß hoher Berge bedecken und deren zukünftige Gestalt erahnen lassen. Derartige und andere Hindernisse müssen zunächst einmal überwunden werden. Harter Fels unterschiedlichen Ausmaßes ist jedoch schon sehr viel weiter unten zu finden, ebenso in Mittelgebirgen und an Steilküsten. Eine Felswand bildet stets ein Ganzes und zeigt je nach Verlauf ihrer Entstehung eine besondere Struktur. Die überwältigende Vielfalt von Linien und Flächen ist für den Zeichner eine sehr reizvolle Herausforderung.

Versuch einer Darstellung mit dem Graphitstift

Für dieses Beispiel wird ein sehr dicker, sechseckiger Graphitstift genommen. Dieses Material besitzt die wunderbare Eigenschaft, die hier beabsichtigten Oberflächen und Strukturen wie von selbst zu zeichnen. Leichtes Hin- und Herdrehen und unterschiedlicher Druck auf den Zeichengrund ergeben jede gewünschte Linie und jeden gewollten Grauton bis hin zu einer fast schwarzen Wirkung. Kräftige Linien betonen in ihrem senkrechten Verlauf die Ausrichtung der Wand. Sie bilden die Hauptstrukturlinien. Andere viel kleinere Linien und Flächen zeigen etwas von der Oberfläche, ihrer Unebenheit und Rissigkeit. Die räumliche Wirkung kommt durch relativ harte Kontraste zustande, die sich dem Verlauf der Wand anpassen und ihn darüber hinaus noch betonen.
Diese Art von Graphitstift eignet sich vorzüglich für alle kontrastreichen Zeichnungen auf großen Formaten. Sie erlaubt ein großzügiges und rasches Arbeiten.

Felslandschaft (Zeichenkohle und Graukreide)

Das vorliegende Beispiel bietet einen etwas größeren Überblick. Wir sind zu den Gipfeln eines Berges vorgedrungen, die sich schroff und gratig aus den verschneiten Schuttkegeln hervorrecken. Hell-Dunkel-Kontrast und Überschneidungen vermitteln hier die räumliche Wirkung. Insgesamt ist die Zeichnung recht unkompliziert. Schnee und die hellen Partien der Felsen bleiben unbearbeitet. Die Farbe des Zeichenpapiers spielt hier mit. Mit einem härteren und fetten Kohlestift werden zunächst die wichtigen Strukturlinien angelegt. Auch die Umrisse der Felsengebilde gehören in diese Arbeitsphase. Mit leichter Hand können danach großflächig die Schattierungen angelegt werden. Sie werden nach und nach vertieft, um einen kompakteren Eindruck zu erzielen. Genauso wird mit den Strukturlinien (Risse, Schründe) verfahren. Der Hintergrund und die Schatten auf der Schneefläche erfahren eine eher einheitliche Behandlung mit einer Graukreide im Blauton.
Insgesamt handelt es sich hier um eine eher skizzenhafte Darstellung, doch vermag auch sie einen Eindruck der Struktur und Beschaffenheit von Fels zu vermitteln.

Mit Tusche und Feder lassen sich ganz differenzierte, feine und absolut harte Kontraste herstellen. Die Technik der Federzeichnung und das Material erlauben „tiefere" Wirkungen als Kreiden oder Kohle. Für ein präzises und auch wuchtiges Ergebnis in der Darstellung von Fels sind sie vorzüglich geeignet.

Klippen (Ölfarbe)

Haben Hügel- oder Berglandschaften Berührung mit dem Meer, entsteht auf schmalem Saum eine Formation von oft ganz besonderem Reiz – die Steilküste. Hier ist der Fels bloßgelegt und bricht an vielen Stellen ganz unvermittelt zur Wasseroberfläche hin ab. Dies ist eine kontrastreiche und spannende Situation, die in vielen Bildern der europäischen Kunst einen manchmal dramatischen Vorgang schildert.

Für Zeichnung und Malerei bleibt eine solch extreme Landschaft reizvoll. Die ganz unterschiedlichen Strukturen von Meer, Fels und Land können zu aufregenden Ergebnissen komponiert werden.

Dieses Beispiel zeigt eine beinah waagerechte Schichtung der Felspartie, die dann schroff zum Meer hin abbricht. Die Farbauswahl ist eher verhalten. Da ist Umbra für die Felsen vorherrschend, neben etwas Ocker und verschiedenen Blautönen. Ultramarin, Titanweiß und etwas Chromoxydgrün gestalten den Bereich des Meeres. Mit einem flachen Kunsthaarpinsel läßt sich die auffällige Schichtung der Felsen gut darstellen. Für diese Abbildung wird eine Schicht-für-Schicht-Technik angewandt.

Felsen (Stahlfeder und schwarze Tusche)

Im Gegensatz zu den vorher besprochenen Materialien und Darstellungsverfahren wird es hier etwas detaillierter und auch aufwendiger, zumindest was die Zeit angeht. Die kleine Stahlfeder erlaubt kein großflächiges und großzügiges Arbeiten wie andere Materialien. Sie erfordert allerdings ein großzügiges Konzept, eine entsprechende Vorarbeit, die im weiteren Zeichenverfahren Schritt für Schritt ausgefüllt werden muß. Die Möglichkeit, winzige Linien zu zeichnen, führt leicht zur Festlegung auf das Detail, wobei die Übersicht hinsichtlich der Gesamtwirkung verlorengehen kann. In diesem Beispiel ist eine Vorzeichnung mit Bleistift das Gerüst, an dem sich Feder und Tusche langsam, aber zielstrebig voranarbeiten können. So entsteht harter, zerklüfteter Fels mit Höhen und Tiefen.

Geröll

Geröll ist ein Produkt aus Verwitterungsprozessen und mechanischen Einwirkungen. Eis, stark bewegtes Wasser und die zusätzliche Reibung der Gesteinstrümmer untereinander schleifen die harten Bruchstellen zu sanften Rundungen. Geröll ist typisch für Gebirgsgegenden mit Wasser und Eis, schnell fließende Bäche und Flüsse, Moränenlandschaften und viele Meeresküsten.

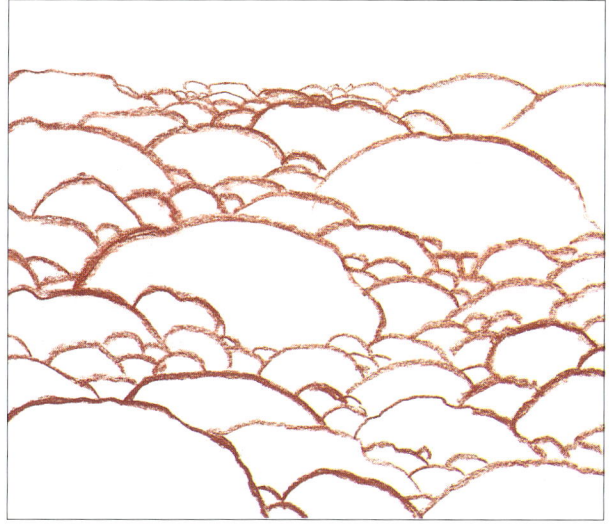

Wie läßt sich Geröll treffend darstellen?

Geröllhaufen oder auch größere Geröllflächen sind nicht nur eine Ansammlung einzelner Elemente. Sie bilden durch ihre Anordnung eine ganz bestimmte Struktur. In der bildlichen Darstellung treten Einzeloberflächen hinter dieser Anordnung zurück. Das Herausarbeiten der Struktur steht somit im Vordergrund.
Im bildmäßigen Aufbau verfährt man am einfachsten so, daß vom Vordergrund ausgehend in den Hintergrund hineingearbeitet wird. So verdecken die jeweils vorderen die hinteren Elemente teilweise. Allein das Mittel der Überschneidung führt schon bei der einfachen Konturzeichnung zu einem räumlichen Effekt.
Kleinere und größere Elemente sollten hierbei Formenkontraste bilden und helfen, zu große Einförmigkeit in der Darstellung zu vermeiden. Für die vorliegende Zeichnung wird ein Rötelstift genommen.

Die Bleistiftzeichnung

Für diese Zeichnung werden Bleistifte im Härtebereich HB bis 4 H verwendet. Die einzelnen Gesteinsbrocken zeichnet man vom Vordergrund ausgehend in den Hintergrund hinein vor. Allein durch die Anordnung der Konturlinien erhält man ein stark strukturiertes Bild. Dabei geben die großen Brocken der gesamten Geröllfläche Ordnung und einen gewissen Halt. Die Schattenpartien werden schraffiert. Ob hiermit im Vordergrund begonnen wird oder nicht, spielt keine besondere Rolle. Die unterschiedliche Intensität der Schatten hebt einzelne Elemente heraus und macht die Struktur der Fläche plastisch.

11

Ein Versuch mit Zeichenkohle

Für dieses Beispiel wird relativ harte Zeichenkohle und ein einfaches Papier mit feinkörniger Oberfläche gewählt. Die Umrißlinien geraten mit diesem Material nicht so fein und präzise wie mit den härteren Bleistiften, können aber sehr abwechslungsreich und interessant gestaltet werden. Leichtes Hin- und Herdrehen und unterschiedlicher Druck mit dem Stift auf den Zeichengrund ermöglichen recht lebendige Linien. Auf kleineren Formaten läßt sich mit Kohle kaum schraffieren. Mit der „Schummertechnik" können die Schattenpartien aber gut herausgearbeitet werden. Auch hierbei spielt der variable Aufdruck eine große Rolle. Aufbau des Bildes und Abfolge des Zeichenvorganges sind ähnlich wie bei der Bleistiftzeichnung. Die Kohlezeichnung wirkt aber kontrastreicher und härter.

Das Aquarell

Abgesehen von der Eigenart des Materials und den Farben gibt es mit der Zeichentechnik einige Gemeinsamkeiten. Ein detailliertes Aquarell bedarf einer Vorzeichnung. Sie wird spärlich angelegt und folgt in diesem Fall der Anordnung von vorne nach hinten. Licht- und Schattenstellen müssen ebenso konsequent behandelt werden (Lichtrichtung).

Unterschiedliche Intensität der Schatten ist auch hier erforderlich. Natürlich sind die Variationsmöglichkeiten mit Aquarellfarben sehr viel größer als mit den Grauwerten einer Zeichnung. Auch bringt eine nasse Technik ganz andere Ergebnisse als eine eher trockene wie im vorliegenden Beispiel.

Sandstein

Sandstein ist ein Sedimentgestein, das in vielerlei Form vorkommt. Es wird gerne als Baumaterial verwendet, ist aber gegenüber Witterungseinflüssen ziemlich empfindlich.

Glaukonitsandstein

Dieser Sandstein besitzt eine grünliche Färbung, die er dem Gehalt an Eisenglimmer (Glaukonit) verdankt, der aber im Verlauf der Verwitterung bräunlich wird. Der Stein ist gerade wegen seiner Färbung ein beliebtes Baumaterial.
Zu seiner Darstellung werden hier verschiedene Methoden angewandt.

Die Struktur soll herausgestellt werden (Bleistift)

Hier wird versucht, etwas von dem Charakter des Steins durch einfache Linien wiederzugeben. Die Abbildung beginnt mit der Kontur, mit dem Umriß des gesamten Gebildes. Kleinere Linien versuchen nun, Kanten, Risse, Wölbungen und Einbuchtungen zu erfassen und so anschaulich wie möglich darzustellen. Zu den Rändern hin werden die Linien dichter, um Räumlichkeit zu vermitteln. Eine Abbildung dieser Art vermag sehr wohl die Form des Gegenstandes zu schildern und auch ansatzweise die Struktur anzudeuten. Risse und Kanten werden so vorstellbar. Insgesamt ist die Auflösung in einzelne Linien jedoch eine weitgehende Abstraktion.

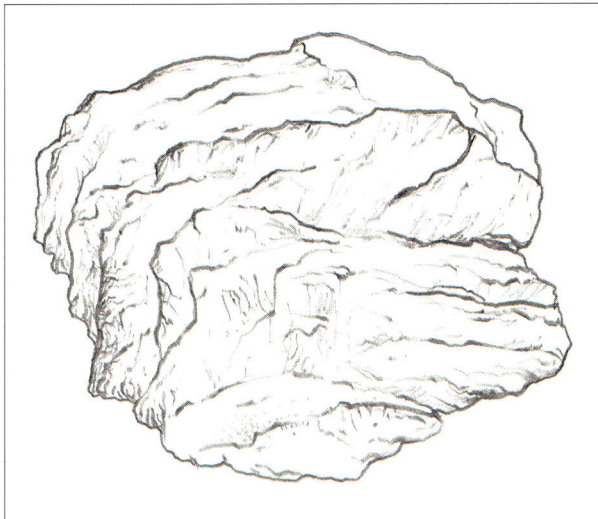

Masse, Dichte, Schwere (schwarze Tusche, Feder)

In diesem Beispiel wird auf eine detaillierte Wiedergabe von Rissen und Unebenheiten verzichtet. Die massive Schwere des Steins steht hier im Mittelpunkt. Hell- und Dunkelkontrast innerhalb des vorgegebenen Umrisses ermöglichen eine solche Darstellung. Einzelheiten tauchen in dieser Zeichnung kaum auf. Es überwiegen die dunklen Flächen, die dem Ganzen ein schweres und dichtes Aussehen verleihen.
Mit Kohle, schwarzer Kreide und Graphit läßt sich eine derartige Wirkung leicht erzielen.

Die Oberflächen (Bleistift)

Jedes Ding hat seine Oberfläche. So auch dieser Stein. Aber hat er eine, oder hat er viele? Das bleibt letztlich Sache der Anschauung, und der Zeichner kommt dementsprechend zu unterschiedlichen Ergebnissen, jeweils mit der gleichen Berechtigung. Für die bildliche Darstellung mag eine derartige Fragestellung zunächst unerheblich sein, hier geht es darum, das Ganze zu erfassen und Wesentliches oder wichtige Aspekte ins Bild zu bringen.
Diese Zeichnung wird auf glattem Zeichenpapier gefertigt, gut geeignet für die etwas härteren Stifte 2H bis 4H.
Der Umriß des Steins verläuft wie zuvor. Nun beginnt aber etwas Feinarbeit. Mit kleinen Linien und vorsichtigen Schraffuren entstehen Kanten, Wölbungen, Vertiefungen und Schatten. Das Ganze bleibt eine behutsame Abfolge von Grauwerten.

Tiefdunkle Tönungen fehlen und wären mit diesen Stiften nur schwer zu erreichen. So erhält die Oberfläche ein relativ „weiches" Aussehen, ganz im Gegensatz zur Darstellung mit schwarzer Tusche und Feder. Die Wirkung des nicht gerade harten Materials kommt hier besonders zur Geltung.

Die Farbigkeit (Aquarell)

Bisher ging es uns um Struktur, um Weiche und Härte. Die Farbe mußte bei den Schwarzweißdarstellungen oder den Grauwerten unberücksichtigt bleiben. Das Aquarell kann diesen neuen Aspekt gut ins Bild bringen. Die Farbe beschreibt aber nicht nur die Oberfläche genauer. Sie kann auch etwas über die Qualität des Steines aussagen, seine mineralische Zusammensetzung, die letztlich ja seine

Färbung bedingt. So wird die grünliche Färbung durch den Glaukonitanteil ohne weiteres deutlich. Auch in dieser Darstellung wirkt der Stein eher weich, sogar nicht überzeugend einheitlich. So scheinen die vorderen Teile beinahe ein Eigenleben zu führen. Sie werden auch als erste durch den Verwitterungsprozeß abgelöst werden.
Diese Erläuterungen zeigen, wie gut sich bei einem einzelnen Objekt ganz verschiedene Aspekte betonen lassen. Jede dieser Darstellungen sagt etwas Wichtiges über den Stein aus.

Granit

Granite gehören zu den härtesten Gesteinen. Wegen dieser Eigenschaft, aber auch wegen ihres unterschiedlichen Aussehens, den oftmals sehr schön gezeichneten Oberflächen, sind sie seit langem ein beliebtes Material für den Bau von Straßen und Plätzen. Sie haben überwiegend eine helle Färbung. Die Oberfläche ist meist interessant gesprenkelt, da die Anordnung der einzelnen Mineralbestandteile ohne Regel ist.
Gerade diese Eigenart der Oberfläche macht eine bildnerische Darstellung etwas schwierig.

Granit (Aquarell)

Für diese Darstellung wird eine Vorzeichnung angefertigt, die aber nur den Umriß des Steines wiedergeben kann. Alles andere muß mit Pinsel und Aquarellfarben geleistet werden. Die Malerei sollte relativ trocken erfolgen, denn eine Naß-in-Naß-Technik erlaubt die detaillierte Wiedergabe einer Sprenkelung nicht.
Der Stein bekommt zunächst einen recht hellen bläulich-grauen Grundton. Die ockerfarbenen Einsprengsel bleiben davon ausgenommen. Von jetzt an wird mit kleineren und größeren Flecken gearbeitet. Sie verdichten sich zu den Rändern hin, um einen räumlichen Effekt zu erzielen. Durch Bruchstellen und Ein- und Ausbuchtungen kommt es an der Oberfläche zu entsprechenden Licht- und Schattenbildungen. Die Schatten werden großflächiger behandelt, schließlich sollen ja gewölbte Flächen und Kanten sichtbar werden. Einige Stellen der Oberfläche behalten den hellen Grundton. Immer wieder wird die ganze Oberfläche des Steines mit neuen Flecken versehen, die einmal eine überwiegend blau-graue

Farbtönung haben und an bestimmten Stellen eine eher bräunliche. Auch die hellen ockerfarbenen Flecken bleiben nicht „unverschont". Am Ende gelingt so die Darstellung eines harten und kantigen, aber auch hübsch gesprenkelten Granitbrockens. Für derartige Darstellungen eignen sich auch vorzüglich Acryl- und Temperafarben. Mischtechniken versprechen ausgezeichnete Ergebnisse. Eine rein zeichnerische Wiedergabe erscheint wesentlich schwieriger.

Noch einmal Granit (Mischtechnik)

Mischtechniken ergeben allemal interessante Resultate. In diesem Beispiel wird mit Aquarell- und Acrylfarben, Ölfarben und Dammarfirnis gearbeitet. Das Ganze beginnt wie üblich mit einer Bleistiftvorzeichnung. Der Umriß des Steinbrockens ist damit klar. Mit Zahnbürste und den Acrylfarben Umbra und Kobaltblau wird jetzt vorsichtig die Oberfläche gesprenkelt. Dies geschieht nicht einheitlich, sondern schwerpunktmäßig. Einige Stellen bleiben fast unberücksichtigt. Nach dem Trocknen wird eine sehr dünne Schicht Dammarfirnis darübergelegt. Sie hat einen ganz leichten Umbraton. Nach der Zahnbürste bekommen nun die Pinsel Arbeit. Die Schattenstellen erhalten ganz viele unterschiedlich große Flecken. Der Stein bekommt dadurch ein erstes kantiges Aussehen. Über diese Flecken aus Acrylfarben in Blau, Umbra und Schwarz wird erneut eine dünne Dammarschicht angelegt.

Wieder geht es mit der „Fleckentechnik" weiter. Zuerst werden erneut Acrylfarben verwendet, zu-

letzt kommen Aquarellfarben an die Reihe. Umbra, Grün und Blau, auch Schwarz werden in unterschiedlichen Anteilen als Flecken gesetzt. Hierbei kommt stellenweise eine Naß-in-Naß-Technik zur Anwendung. Teilweise wird die Farbe aber auch recht trocken aufgesetzt. Die darunterliegende Firnisschicht verstärkt die Fleckenwirkung ähnlich wie eine Wachsschicht.

Die Verteilung von Licht und Schatten gestaltet den Stein kantig, an einigen Stellen aber auch weich gewölbt. Flecken und Sprenkel verweisen auf eine diffuse Anordnung der Mineralbestandteile, wie sie bei Granit typisch ist. Das ganze Gebilde wirkt schwer und massiv. Die „dichte" Bearbeitung führt fast von selbst zu diesem Effekt.

Allgemein erweitern Mischtechniken die Ausdrucksmöglichkeiten ungemein. Mit relativ wenigen verschiedenen Farben lassen sich unglaublich viele farbliche Nuancen schaffen. Außerdem kann man mit Mischtechniken sehr exakt arbeiten. Da ihre Bestandteile nicht festgelegt sind, stellen sie oft genug ein Experiment dar und wirken damit doppelt interessant.

Tonschiefer, Schiefertone

Aus Tonerden entstehen unter Druckeinwirkung Schiefertone. Hier ordnen sich Glimmer und Ton- minerale senkrecht zur Druckrichtung blättchenför- mig an. Diese „Blättchen" haben eine unterschiedli- che Dicke, die so beschaffen sein kann, daß sie sich für eine Verwendung als Dachziegel eignen. Dicke und Größe der Schiefertone erlauben eine unter- schiedliche Verwendung.

Tonschiefer entstehen aus Schiefertonen unter Einwirkung von Druck und Hitze. Sie sind härter und haben eine unterschiedliche Färbung wie röt- lich, bläulich, grünlich, schwarz. Auch diese Gesteine sind vielseitig verwendbar.

Ein Stück Tonschiefer (Graphit)

Diese Abbildung entsteht auf einem mäßig glatten Zeichenpapier. Eine Vorzeichnung wird nicht ge-
macht. Graphitstift ermöglicht dünne, zarte Linien ebenso wie ganz dicke, kräftige. Hiermit wird der Umriß des Gesteins knapp angedeutet, um gleich zur plastischen Herausarbeitung zu kommen. Die Vorderseite erhält eine ganze Anzahl fast parallel zueinander verlaufender Linien. Sie sollen die Schieferung, den blättchenartigen Aufbau des Steins wiedergeben. Dies erreicht man mit kräftigen Linien, die ungefähr gleich stark ausfallen sollten. Der Aufdruck mit dem Stift wird variiert, um unter- schiedliche Helligkeits- bzw. Dunkelheitsgrade zu erzielen. Die Bruchstelle verläuft ja nicht gerad- flächig, sondern ungleichmäßig. Die Oberfläche des Steins ist nur durch einige wenige Linien struk- turiert, wie Risse, ansatzweise Schieferung. Für den Graphitstift stellt deren ungleichmäßige Ausfor- mung kein Problem dar. Unter variablem Aufdruck und mit leichten Drehungen zeichnet er die Linien beinahe von selbst. Die Oberfläche erhält noch ei- nen mittleren Grauton (ebenfalls Graphit) und ist damit fertig. Zum Schluß werden mit dem

Knetgummi noch einige helle Stellen an der dunklen Vorderseite herausgearbeitet. Dies ist jedoch nur sehr begrenzt möglich. Allzu schnell kommt es bei einem Zeichenmaterial wie Graphit zu Verschmierungen.

Tonschiefer (Aquarell)

Für diese Abbildung wird eine Vorzeichnung gebraucht. Eine dünne Bleistiftlinie umreißt die Form des Steins. Die Schieferung wird ebenfalls auf diese Weise angedeutet, jedoch nicht bis ins Detail. Eine Mischung aus Kobaltblau, Umbra und Schwarz soll die Farbigkeit dieses Steinbrockens wiedergeben. Zunächst geht es um die Oberseite des Steins. Sie erhält einen recht hellen, unterschiedlich bläulichgrauen Farbton. Für die Strukturlinien kommt etwas Schwarz dazu.
Die Vorderseite wird an der linken Seite kräftig gearbeitet. Hier liegen die größten Schatten und Kanten der diversen Schichten. Nach rechts wird

diese Schattierung nur noch angedeutet. Auf der Abbildung ist der Stein also nicht bis zum Ende fertig gezeichnet. Dieses Zwischenstadium offenbart aber einiges von der Vorgehensweise.
Gesteine dieser Art sind noch relativ leicht darzustellen. Sie haben einen klaren, durchgehenden Aufbau, offenbaren so ohne weiteres ihre Struktur und eine gegliederte Oberfläche. Die einzelnen Abstufungen sind nichts weiter als die Kanten der einzelnen Schichten und stellen für Zeichnung und Malerei kein Problem dar.
Gute Ergebnisse lassen sich sicher mit allen Materialien erzielen.

Bäume, Wald, Holz

Buschwerk, Wäldchen, Dickicht

Buschwerk wird auch in unseren Breiten, zumal, wenn es weitgehend sich selbst überlassen ist, zu einem geheimnisvollen, ein wenig unheimlichen und schwer zugänglichen Ort. Es besteht meist aus verschiedenen Arten niederen Gestrüpps und auch ganzen Gruppen von Bäumen, die nicht besonders hoch sind. Das Gewirr von Ästen, Zweigen und Stämmen hat hie und da Lücken. Es zu durchdringen aber bleibt beschwerlich. Derartige Orte besitzen eine eigenartige Faszination, vielleicht sind sie sogar ideale Verstecke für dunkle Gedanken? Nüchterner betrachtet, bilden sie einfach eine dichte, verworrene Struktur, wild, regellos und interessant. Für Mal-, aber besonders für Zeichentechniken sind Dickichte eine geradezu unwahrscheinlich gute Übung. Die Vielzahl von dünnen und starken Linien, die gesamte Verästelung, verlockt zum Versinken im Detail. Die Aufgabe vermag jedoch nur bei ständiger Übersicht über das Ganze befriedigend gelöst zu werden.

Dickicht (Aquarell)

Dieses kleinformatige Aquarell zeigt ein Buschwerk wie oben beschrieben. Zu seiner Vorbereitung bedarf es einer kleinen Vorzeichnung. Sie bezeichnet die Grenze zwischen Himmel und Erde und die Gestalt der stärksten Bäume. Geäst und Büsche werden nicht mit Bleistift angedeutet. Zunächst beginnt die Malerei mit dem Himmel. Ein leichtes Kobaltblau färbt die offenen Stellen blauen Himmels, die Wolken werden ausgespart. Das Weiß des Papiers steht für sie. Mit einem feinen Umbraton geht es nun an die Gestaltung der Bäume. Sie erhalten so ihre Form und durch Differenzierung des Farbtons ihren unterschiedlichen Standort. Lichter Ocker, Terra di Siena und ein stumpfes Grün sollen Erde und Gras gestalten. Der Untergrund wird fast fertig durchgemalt. Büsche und Astwerk werden jetzt mit dem Pinsel so gezeichnet, daß sie einen harmonischen Zusammenhang in dieser Abbildung ergeben. Fast leere Stellen wechseln so mit Verdichtungen ab. Zum Teil müssen jetzt die Stämme der Bäume noch einmal überarbeitet werden. Um das Durcheinander vollständig zu machen, sollten sich immer wieder Stämme, Äste und Zweige überschneiden. Auch der Boden braucht an einigen Stellen noch etwas Betonung. Bei diesem Thema erweist sich die Aquarellmalerei als recht effektvoll. Ebenso versprechen Acryl, Tempera und Gouache gute Ergebnisse. Ölmalerei vermag lasierend und deckend zu arbeiten und braucht dieses Motiv nicht zu scheuen.

Dickicht (schwarze Kreide)

Für das Zeichnen ist eine Aufgabe, die fast nur Struktur will, eine dankbare Sache. Hier kann mit unterschiedlichen Grauwerten gearbeitet werden, aber auch nur mit dem Schwarz-Weiß-Kontrast. In diesem Beispiel wird schwarze Kreide verwendet. Sie erzeugt, je nach Aufdruck auf die Unterlage, verschiedene Intensitäten von Schwarz, die teilweise als Grauwerte eingestuft werden können. Für diese Zeichnung gibt es keine weitere Vorarbeit. Das Dickicht entsteht mit den ersten Linien, ohne Vorlage. Leichtes Drehen des Kreidestücks ermöglicht differenzierte Linien. Gerade Linien sollen möglichst vermieden werden, da sie leicht langweilig wirken. Dies ermöglicht auch der variierte Aufdruck. Über die Verteilung der Dichte auf einzelne Stellen wurde bereits geschrieben. Insgesamt eine schnelle Arbeit von großer Wirkung. Ähnlich läßt sich auch mit Kohle und Graphitstift arbeiten.

Ein Stück Baumwipfel (schwarze Tusche, Pinsel)

Baumwipfel sind so etwas wie in die Höhe gehobene Dickichte. Die Struktur ist jedoch ein wenig anders. Äste und Zweige verjüngen sich zu ihren Enden hin und bilden so einen Verlauf von dick nach dünn. Mit allen Zeichenmaterialien läßt sich so etwas gut nachbilden. Schwarze Tusche und Pinsel mögen da ein wenig schwieriger sein. Immerhin sollen Äste und Zweige nicht einmal dünn und dann wieder dicker erscheinen, und das vielleicht noch wiederholt. Ihr Verlauf muß schon ebenmäßig sein, sonst geht die Wirkung verloren. Gestrüpp, Dickichte, Buschwerk oder Baumwipfel wirken durch ihre Struktur, weniger durch eindeutige Oberflächen.

Bäume mit stark strukturierter Rinde (Eiche, Birke, Kopfweide)

Eine Anzahl von Bäumen besitzt eine auffällige Rinde mit einer jeweils besonderen Struktur. Birke, Kiefer, Fichte und Eiche sind ohne weiteres an der Beschaffenheit ihrer Rinde zu erkennen. Hier finden sich Oberflächen und Strukturen, die recht tief gehen können. So ist die Rinde der Eichen oft stark zerklüftet und bildet eine dicke Borke. Wie eine Unzahl von Gebirgszügen im Miniformat mutet ein solches Stück Borke an. Hier finden sich Abgründe und Schroffheiten, Lebensraum für viel winziges Getier. Für Zeichnung und Malerei bedeuten derartige Gebilde ein bißchen Arbeit, haben doch die „Borkengebirge" alle ihre Lichter und Schatten.

Ein Stück Baumstamm, Eiche (schwarze Kreide)

Ein nicht ganz weißes, einfaches Papier ist hier der Zeichengrund. Dargestellt werden soll der Ausschnitt eines Baumstamms. Die stark ausgeprägte Borke einer Eiche ist das Motiv. Umriß und Verwurzelung des Stammes anzudeuten, ist nicht weiter schwierig. Anders verhält es sich mit der Borke. So soll ja nicht nur der Stamm, sondern auch die Borke plastisch erscheinen. Sie wird zunächst mit einer Fülle kleinerer Linien angezeichnet. Die dürfen keinesfalls gleichmäßig aussehen. Zur Mitte hin wer-

den die Abstände zwischen den Linien immer größer, während sie sich zu den Seiten hin stark verdichten. Hierdurch ergibt sich ein erster räumlicher Eindruck. Der Baumstamm scheint gerundet. Das Anlegen von Licht und Schatten muß konsequent geschehen. Lichteinfall auf der einen Seite bedeutet Schatten auf der anderen. Dies gilt ja nicht nur für den Stamm selbst, sondern auch für jedes einzelne Borkenstück. Erst dann kann das Ganze einheitlich und überzeugend wirken. Hierfür ist die schwarze Kreide gut geeignet. Sie erlaubt ein rasches Arbeiten. Die Schatten entstehen hierbei nicht durch Schraffuren, sondern durch Schummereffekte. In die geschummerten Flächen kann man aber wiederholt „hineingehen", um sie ganz oder stellenweise zu vertiefen.

Eine Studie mit Ölfarben

Auch hier geht es nur um den Ausschnitt eines Stammes. Wieder steht eine Eiche Modell. Zur Vorzeichnung reichen wenige Linien, die den Stamm und die Verästelungen anordnen. Umbra, Van-Dyck-Braun, Lichter Ocker und Chromoxydgrün bilden das farbige Spektrum dieser Darstellung. Die Malerei beginnt an der linken Seite mit Umbra. Mit einem kleinen Pinsel und knappen Linien wird die Borke und ihre Verläufe über den ganzen Stamm hin vorgezeichnet. Wieder von links beginnt die Schattierung dieser Gebilde. Die Mitte des Stammes und die großen Verästelungen sollten

möglichst hell bleiben. Wird es zu den Rändern hin dunkler, entsteht der Eindruck einer Rundung von ganz alleine. Grün und Ocker kommen nun zur farblichen Abstimmung hinzu. Insgesamt folgt die Malerei dem schon vorhin für die Zeichnung beschriebenen Prinzip, was Aufbau und Vorgehensweise betrifft. Die Malerei hat allerdings ihre eigenen Tücken und verlangt auch bei diesem Motiv besondere Aufmerksamkeit.

Ein Stück Borke (Bleistift)

Hier wird der Ausschnitt kleiner und die Zeichnung gerät zu einer Art Nahaufnahme. Mit Bleistiften läßt sich normalerweise feiner und detaillierter arbeiten als mit Kohle oder Kreiden. So erlaubt das Material eine nähere Bekanntschaft und eine genauere Beschreibung des Objekts „Borke". Schattierungen und Rissigkeit lassen sich treffend darstellen. Im Großen läßt sich natürlich ähnlich genau wie in diesem kleinen Ausschnitt verfahren. Eine große und sehr eindrucksvolle Arbeit läßt sich so gut vorstellen.
Andere erfolgversprechende Materialien sind Tusche und Feder bzw. Pinsel, Aquarell, Acryl, Tempera, Deckfarben und alle genauer zeichnenden Zeichenmaterialien.

Birke

Zu den Bäumen mit auffällig strukturierter Rinde gehört sicherlich die Birke. Ihre „Weißscheckigkeit" macht sie unverwechselbar. Dabei können Birken ziemlich unterschiedlich sein. So zeigen einige Arten die bekannte weiße Rinde. Sie ist relativ glatt und stellenweise aufgeblättert – ein weiteres typisches Merkmal. Andere Arten haben dagegen ein dunkleres Aussehen und zeigen eine stärkere Borkenbildung.
Birken sind Bäume mit sehr unterschiedlichen Aspekten. Alleinstehend oder in kleineren Gruppen verbreiten sie eine helle und freundliche Atmosphäre. In dichten und großen Beständen wirken sie aber eher geheimnisvoll und verwunschen. Ihre Lichtheit macht sie zu Bäumen des Frühlings. Birkengrün ist der Schmuck des Monats Mai.

Birkenstamm (Pastellzeichnung)

Vermitteln die Bäume auch den Eindruck einer gewissen Leichtigkeit, unter anderem durch ihr helles Laub, so ist ihre Darstellung nicht gerade einfach. Dies gilt besonders für die eigenwillige Oberfläche ihrer Stämme. Hier gilt es nicht nur, die besondere

Farbigkeit, sondern auch die Aufgerissenheit und Zerklüftung der Borke wiederzugeben.

Für unsere Darstellung verwenden wir graues Zeichenpapier. Mit Umbra wird der Stamm und seine Verästelungen umrissen. Als Binnenzeichnung folgen dann die dunklen Stellen, neben oder unter der teilweise aufgerollten weißen Rinde. Umbra, einige Brauntöne, Schwarz und Weiß werden gebraucht, um die Farbigkeit des Stammes herauszuarbeiten. Die Rundung des Stammes bleibt das geringere Problem. Auf den weißen Rindenstücken befinden sich reichlich Linien unterschiedlicher Stärke, die quer zur Ausrichtung des Stammes liegen. Diese natürliche Linienführung muß nur nachvollzogen werden. Es sind einmal diese Linien, dann der Verlauf von Licht und Schatten, die die Rundung des Stammes deutlich sichtbar werden lassen. Borke und Rissigkeit wollen differenziert behandelt werden. Die tiefsten Dunkeltöne werden mit Schwarz und Umbra erreicht. Ähnlich wie der Stamm werden die Äste behandelt. Da sie sowieso nur im Ansatz zu sehen sind, hat man sie schnell dargestellt. Um das Ganze nicht zu abstrakt aussehen zu lassen, wird um Stamm und Äste noch etwas Laubwerk angedeutet.

Mit Pastellen läßt sich das Thema „Birke" recht gut behandeln. Das gilt jedoch genauso für die anderen Zeichenmaterialien.

Birkengruppe (Aquarell)

Malgrund ist ein einfaches, ziemlich glattes und nicht ganz weißes Aquarellpapier. Die Vorzeichnung wird in Bleistift mit wenigen Linien ausgeführt, die aber das Wesentliche festlegen. Umbra, Van-Dyck-Braun, Lichter Ocker, Schwarz und Permanentgrün werden für den Stamm und die Äste zurechtgelegt. Grün und Ocker gelten auch für das Laub. Die Arbeit beginnt wieder mit einem leichten Umbraton. Sämtliche dunklere Stellen werden mit ihm markiert. Die drei Birkenstämme haben danach eine erste unverkennbare Erscheinungsform; die gilt es deutlicher herauszuheben. Zur Vertiefung der dunklen Rindenstücke und der Schatten wird der Umbraton intensiver gemischt. Hier kommt stellenweise auch Van-Dyck-Braun hinzu. Lichter Ocker korrigiert zu stark geratene Stellen, gibt eine andere Farbigkeit. Der Aufhelleffekt kann aber nur geringfügig ausfallen. Die endgültige Vertiefung der Dunkelheiten besorgt ein sparsamer Zusatz von Schwarz. Nach und nach

kommen jetzt die Äste dran. Zur plastischen Darstellung muß hier auf die Helligkeit bzw. Dunkelheit von Ober- und Unterseite geachtet werden. Eine Mischung von Lichtem Ocker und Permanentgrün besorgt, in unterschiedlichen Anteilen, die farbige Wiedergabe des Laubwerks. Es bildet im Zusammenhang dieser Darstellung den Hintergrund zu Stämmen und Astwerk der Birken und hebt diese weiter hervor. Beim Malen mit Wasserfarben muß beachtet werden, daß die hellen Stellen erst zum Schluß bearbeitet werden. Das Weiß sollte also das Weiß des Malgrundes bleiben. Es ist auch durch spätere Zusätze von Deckweiß nicht wieder herauszuholen. Sollte eine Weißhöhung notwendig werden, nimmt man besser weiße Pastellkreide zu Hilfe. Sie läßt sich differenziert auftragen und auch verwischen. Allerdings muß sie abschließend fixiert werden.

Kopfweiden

Im Uferbereich aller möglichen Gewässer, an den Rändern von Gräben, überhaupt an feuchteren Gebieten ist die unverwechselbare Gestalt der Kopfweiden häufig zu sehen. Die Höhe ist nicht eindrucksvoll. Sie wirken gedrungen, oft ein wenig verdreht und unverwüstlich urig. Selbst aus den geborstenen und halb verwitterten Stämmen wachsen unermüdlich neue Triebe. Das alles lebt also noch, selbst im scheinbaren Zustand der Ruine. Die dicken Wülste am oberen Ende sind die „Markenzeichen" dieser Bäume. Aus diesen „Köpfen" sprießen Äste und Zweige in alle Richtungen. Kopfweiden wachsen einzeln oder in kleinen Gruppen an den Rändern von Gräben und Gewässern, häufig in Reihen. Die Gestalt und die interessante Oberfläche dieser Bäume bietet Zeichnung und Malerei genug Stoff zu vielerlei Arten der Darstellung.

Die Schwarzweißzeichnung mit Kreide

Mit Kreiden, Pastellen, Kohle, also mit allen nicht zu harten Zeichenmaterialien, lassen sich Kopfweiden gut darstellen. Ob man sich hier einen Ausschnitt der Rinde vornimmt, um ihn genauer zu studieren, oder den ganzen Raum „im Visier hat", ist dabei

gleichgültig. – Für dieses Beispiel wird schwarze Kreide und ein einfaches, nicht ganz weißes Zeichenpapier genommen. Bildobjekt ist der ganze Baum. Es soll die Gestalt des Baumes erfaßt und die Struktur seiner Rinde angedeutet werden. Um eine exakte Studie handelt es sich hier nicht.

Ein Versuch mit Acrylfarben

Die Farben: Umbra, Lichter Ocker, Terra di Siena und Chromoxydgrün. Wir wählen ein einfaches, schwach gekörntes Aquarellpapier. Eine Vorzeichnung mit Bleistift umreißt die Gestalt des Baumes, die augenfälligsten Besonderheiten seiner aufgerissenen Rinde.
Mit einem zarten Umbraton beginnt die Malerei. Der Pinsel folgt den Umrissen und Linien, die den äußeren Habitus strukturieren. Lichter und Schatten werden in diesem Arbeitsgang angelegt. Dann wird der Umbraton intensiviert. Das ganze Gebilde gewinnt nach und nach an Räumlichkeit. Die hellen Stellen erhalten einen Ockerton. Die Kombination von Umbra, Terra di Siena und Ocker sorgt für eine ausreichende, gedämpfte Farbigkeit.
Schattenpartien können durch eine Mischung von Umbra mit ein wenig Chromoxydgrün vertieft werden. Das Geäst wird sparsam behandelt. Deutlich steht bei dieser Darstellung der Stamm im Mittelpunkt.

Eine Zeichnung mit Buntstiften

Mit Buntstiften läßt sich recht detailliert, aber auch wuchtig und großzügig arbeiten. Diese Zeichnung wird auf einem DIN-A2-Format angelegt. Das läßt genügend Raum, den ganzen Baum darzustellen, ohne in Kleinarbeit zu verfallen. Eine Vorzeichnung legt Form und Stellung der beiden Kopfweiden fest. Sie beschränkt sich auf die gröbsten Umrisse. Nun beginnt die Arbeit mit den Buntstiften, und zwar mit Grün und Ocker. Die helleren Farben sollten bei diesem Material am Anfang stehen, da eine spätere Aufhellung kaum noch möglich ist. Blau und ein mittlerer Braunton werden jetzt hinzugenommen. Das Ganze gerät nun plastischer, da Schatten- und Lichtpartien herausgearbeitet werden können. Schwarz kommt hinzu und verleiht den Schattenpartien die notwendige Tiefe. Die hellsten Stellen bleiben einfach frei oder bekommen nur wenig Grün oder Braun. Das Geäst wird zwar kräftig angedeutet, doch sein weiterer Verlauf nicht weiter betont. Die knorrige und fast verwunschene Gestalt der Baumstämme ist auch weitaus interessanter. Struktur und Oberfläche mögen hier Geschichten erzählen. Um die Bäume nicht in der Luft schweben zu lassen, werden sie in einem kräftigen Grasboden verwurzelt. Daß die Wurzeln stellenweise frei liegen, paßt zum angewitterten und „geschundenen" Rumpf dieser „Baumoriginale". Gerade diese ausgeprägte Einmaligkeit erleichtert die Darstellung. Ihre Gestalt und Struktur ist, verglichen mit der anderer Bäume, unverwechselbar.

Bäume mit glatter Rinde

Buche, Esche und Linde sind Bäume mit einer relativ glatten Rinde. Mit einer zerklüfteten Borke wie die Eiche können sie nicht aufwarten. Da sie aber sehr alt werden und sich zu mächtigen Bäumen auswachsen können, bekommen auch ihre Stämme ein immer interessanteres Aussehen. Die eindrucksvollen Verästelungen beginnen oft schon recht tief (Buche, Linde).
Der Stamm selbst erfährt im Laufe der Zeit erhebliche Veränderungen: Da gibt es Verbiegungen, Verdrehungen und tiefe Risse. Die Oberfläche selbst bleibt nicht so glatt. Sie bekommt Einkerbungen und Risse und kann stellenweise von Moosen und Flechten bedeckt sein.
Wie auch die Eiche, sind diese Bäume häufig Motive in Malerei und Zeichnung gewesen. Auch ohne Allegorie und sonstige Symbolträchtigkeit bleiben sie hochinteressante Objekte. Einen Baum oder ein Stück davon gut zeichnen zu können, bedeutet bereits eine große Zeichenfertigkeit.

Alte Buche (schwarze Tusche, Zeichenfeder)

Die Arbeit wird auf einem starken, glatten und weißen Zeichenpapier durchgeführt. Die Vorzüge der schwarzen Tusche sollen voll zur Geltung kommen. Instrument ist eine sehr dünne Stahlfeder, die die allerfeinsten Linien erlaubt. Das Ganze beginnt mit einer Bleistiftvorzeichnung. Immerhin geht es hier um ein größeres, kompliziertes Gebilde. Die Vorzeichnung muß also stimmen. Nachträgliche Korrekturen an der Form der Objekte sind bei Feder- und Tuschearbeiten immer sehr problematisch. Die eigentliche Zeichenarbeit beginnt etwa in der Mitte des Baumstammes.
Zur Zeichentechnik: Hier bevorzugen wir hauptsächlich kürzere Linien. Die meisten verlaufen quer zur Richtung des Stammes und der jeweiligen Verästelung. Es sind gerundete Linien, die sich dem Verlauf der Rinde anpassen. Sie verdichten sich an den Seiten, bei den Ästen besonders zu den unteren Seiten hin. Damit wird bereits eine Licht- und Schattenwirkung erreicht. Durch weitere Verdichtungen läßt sich diese Wirkung noch deutlich steigern.
Doch Vorsicht! Mit diesem Material kann man nur immer tiefere Dunkelheit erreichen. Mit den hellen

Stellen muß also gegeizt werden. Zu den Wurzeln hin werden auch andere Linien eingesetzt. Ein Bewuchs mit Flechten oder Moosen kann so angedeutet werden. Das Zeichenverfahren bleibt über die ganze Bildfläche hin einheitlich. Auch die Steine, durch die sich die Wurzeln ihren Weg bahnen, sind zwar etwas sparsamer, aber sonst kaum anders als der Baumstamm selbst gezeichnet.
Die Arbeit mit diesem Material ist besonders auf größeren Formaten recht aufwendig; sie ist aber ganz und gar reizvoll und von großer Wirkung: Zeichnen pur!
Mit harten Bleistiften läßt sich ähnlich arbeiten. Mit ihnen bleibt man jedoch in Grauwerten – ein Schwarzweißkontrast wie mit schwarzer Tusche ist kaum möglich.

Eine Studie in Ölfarben

Die Abbildung zeigt einen kleinen Ausschnitt von Stämmen aus einem jüngeren Buchenbestand. Die Stämme wachsen ziemlich gerade hoch.
Spektakuläre Formen kommen noch nicht vor. Die Oberflächen sind relativ glatt und zeigen eine grünliche Färbung. Ein solches Motiv läßt sich mit Ölfarben, aber auch anderen Materialien, ohne Schwierigkeiten darstellen. Permanentgrün, Umbra, etwas Ocker und Weiß sind die Farben hierzu. Die einzige Schwierigkeit mag darin bestehen, die Rundung der Stämme sichtbar zu machen. Die Lichtrichtung muß hierbei genau eingehalten werden. In diesem Beispiel kommt sie von der rechten Seite. An den linken Seiten der Stämme befinden sich entsprechend die tiefsten Schatten.
Insgesamt lassen sich die glatteren Stammoberflächen sehr viel leichter wiedergeben als die von einer rauhen Borke umgebenen. Hier fehlt eine Struktur, die in die Tiefe geht und den Oberflächen ein fühlbar anderes Gepräge gibt.

Holz

Holz bietet vielerlei interessante Oberflächen und Strukturen. Wie viele im Wald oder am Wasser gefundene Stücke haben wohl schon die Phantasie angeregt und waren Anlaß, plastisch „etwas daraus zu machen" oder zum Zeichenstift zu greifen! Holz bietet sich also in höchst unterschiedlichen Variationen dar. Die abenteuerlichsten Formen werden in der Natur gefunden. Aber selbst in seinen Gebrauchsformen bietet es allemal noch lebendige Strukturen. Geschnittene Bretter haben zwar eine fabrikmäßig langweilige Form, doch vermag ihre Oberfläche noch immer durch eine faszinierende Zeichnung Aufmerksamkeit zu erregen.

Geschnittenes Holz, Bretter (Aquarell)

Ein einfaches Aquarellpapier und die Farben Umbra, Terra di Siena und ein mittleres Grün sollen für diese Darstellung genügen. Eine Vorzeichnung wird nicht gemacht. Die Zwischenräume zwischen den einzelnen Brettern werden mit einem „fetteren" Strich aus Umbra markiert. Eine helle Mischung aus Umbra und Terra di Siena ergibt einen Grundton für Fichten- oder Kiefernbretter. Die Tönung gerät hell, aber nicht besonders warm. Die Darstellung der Maserung der Schnittflächen ist dann die nächste Aufgabe. Die Astlöcher bzw. Ansatzstellen von Ästen sind die markantesten Punkte auf diesen Flächen. Sie bestimmen den Verlauf der Maserung

um sie herum. Sie werden zunächst zu Papier gebracht. Mit relativ regelmäßigen Strichen zeichnen wir nun die Maserung, wobei die einzelnen Linien durch Verwaschen eine harte und eine weiche Seite erhalten. Den kräftigeren Linien wird zu Umbra noch ein kleiner Schuß Grün beigefügt. Zuletzt müssen die Zwischenräume zwischen den Brettern noch einmal nachgedunkelt werden.

Insgesamt eine leichte Aufgabe, bei der der Eindruck von Holz allein durch die Andeutung von Maserung entsteht. Hier muß man ein wenig darauf achten, daß sie nicht zu gleichmäßig und damit langweilig gerät. Die Darstellung von Holzbrettern ist mit wasserlöslichen Farben kein Problem.

Wichtig hierbei: ein behutsamer Anfang. Kräftige Akzente setzen kann man dann um so leichter.

Holzmaserung in der Zeichnung (Sepia, schwarze Kreide)

Mit den meisten Zeichenmaterialien lassen sich leicht Studien von Holz oder Holzmaserung anfertigen. Sie sollten nur nicht zu weich sein. Mit mittleren Härtegraden kommt man hier besser zurecht. Für dieses Beispiel ist nur die Maserung interessant. Irgendein bestimmtes Format spielte keine Rolle. Die Linien werden zuerst mit Sepiastift in ihrem Verlauf gezeichnet. Stärkere und schwächere Ausprägungen können durch unterschiedlichen Aufdruck auf den Zeichengrund und die Schrägstellung des Stiftes erreicht werden. Zur stärkeren Differenzierung wird mit schwarzer Kreide nachgeholfen.

Alte Holzplanken (Aquarell)

Lage und Form der Holzplanken werden hier mit Bleistift vorgezeichnet. Die abgewaschene Farbe läßt nur wenig von der darunterliegenden

Holzmaserung erkennen. So werden zuerst die durchbrochenen Farbflächen angelegt. Zu den Rändern hin sollten sie ausgebleicht erscheinen; da bekommen sie entsprechend weniger Farbe. Mit Umbra und etwas Ocker erhält das im Blickfeld liegende Holz eine Grundtönung. Maserung wird nur schwach angedeutet. Viel wichtiger sind hier die kleineren Risse, die von den Rändern der Planken weiter ins Innere verlaufen. Das aufgenagelte Brett wird ganz ähnlich behandelt. Die Feinabstimmung zwischen Holz und Ende der Farbflächen erfordert vorsichtiges Malen. Harte Kontraste sollten hier nicht vorkommen.

Diese Objekte könnten schon eine Geschichte erzählen. Sie geben also etwas mehr her als die vorhin beschriebenen frischen Bretter. Die Darstellung erfordert natürlich mehr Aufmerksamkeit, ist dafür aber auch spannender.

Mit Acryl und Tempera lassen sich ganz ähnliche Wirkungen wie auf dieser Abbildung erzielen. Die deckenden Fähigkeiten von Gouache und Ölfarben erlauben andere, auch deftigere Bilder.

Wasser, Wasseroberflächen

Stürmisch bewegtes Wasser

Wasseroberflächen haben viele „Gesichter". So findet jede Veränderung der Atmosphäre ihren Ausdruck auf dem Spiegel der Gewässer. Ein Sturm peitscht das Meer zu einer finster-dramatischen Szenerie. Es wird zu einem elementaren Ereignis. Die Farbe des Wassers wird dunkel; es kommt im wahrsten Sinne des Wortes ins Rollen. Wellen türmen sich wie Gebirge auf und Streifen aus Schaum legen sich in Windrichtung und bilden zusammen mit den schäumenden Wellenkämmen eine wilde Struktur.

Für Malerei und Zeichnung ist das stürmische Meer eine Herausforderung, zugleich aber ein überaus dankbares Motiv. Denn ganz so schwer wie vermutet ist die Darstellung einer derartigen Szenerie gar nicht.

Stürmisches Meer als Pastellzeichnung

Pastellstifte vereinen malerische und zeichnerische Möglichkeiten wie kaum ein anderes Material. Zur Darstellung einer bewegten Wasseroberfläche mit ihren wechselnden Lichtern und Linien sind sie sehr geeignet.

Für das abgebildete Beispiel werden fünf Farbtöne ausgesucht. Ein dunkles Grün und Weiß genügen zur Gestaltung des Wasserbereichs. Dunkles und helles Grau und ein heller Blauton scheinen für den Himmel genau richtig.

Die Darstellung großer Wellen verlangt ein großzügiges Herangehen. Die Beschränkung auf wenige Wellenzüge (Breite der ganzen Welle) oder auf nur eine einzige vermag am wirkungsvollsten die Wucht der Wellendynamik wiederzugeben. Die Rollbewegung strukturiert eine Welle und muß auch bildlich nachvollziehbar sein. Einige Skizzen

Brandungswelle (Kohlezeichnung)

Behalten vom Sturm vorangetriebene Wellen über schier endlose Strecken ihre Dynamik, so erschöpfen sich Brandungswellen in einem einzigen Aufbäumen. Sie laufen auf flachem Grund auf, schäumen in die Höhe, um im Überschlagen ihre ganze Kraft zu verlieren. Das ist ein äußerst eindrucksvoller Vorgang, der zu stundenlanger Beobachtung reizt – genau wie zu seiner bildlichen Darstellung.

Ein etwas seitlicher Blickwinkel ist hierbei erfolgreicher als eine Ansicht direkt von vorne. Die Überrollbewegung kann so durch eine Reihe von Linien sehr anschaulich angedeutet werden. Das Ganze erhält dadurch mehr Dynamik.

Für diese Zeichnung wurde einfaches Papier mit nicht zu glatter Oberfläche genommen. Ein weicher Kohlestift zeichnet dann immer wieder die Form der großen vorderen Welle nach, wobei die Schaumkrone und die Schaumstreifen ausgespart werden. Zwischenfixierung und erneutes Überarbeiten ergeben schließlich eine wuchtige Wirkung. Die Schaumstellen erhalten ganz zuletzt eine Weißhöhung mit weißer Kreide.

Ebenso wie Sturmwellen lassen sich auch Brandungswellen mit sämtlichen zeichnerischen und malerischen Materialien gut bearbeiten. In jedem Fall ist ein klarer Bildaufbau notwendig und die Beachtung der tatsächlichen physikalischen Vorgänge.

(ähnlich wie die hier abgebildete) erleichtern es, sich diesen Vorgang anschaulich zu machen. Durch die Anordnung der Wellenzüge bekommt die Wasseroberfläche eine deutliche Ausprägung. Ordnung und Bewegung des Ganzen wird im weiteren Verlauf der Arbeit hauptsächlich durch die zeichnerische Verwendung von Weiß erreicht. Mögen die dunklen Grüntöne die Wucht andeuten, so gibt die helle Hervorhebung der Schaumstreifen Gestalt und Richtung der Wellen an. Das Anlegen der weißen Linien und Flächen verlangt die volle Übersicht. Der Himmel wird später gemalt. Großzügig und ohne weitere Details angelegt, ergibt er den Hintergrund für die dunkle Szenerie des Meeres.

Wasserflächen, ruhig bewegt

Ruhige Wasseroberflächen haben unglaublich viele Erscheinungsformen. Da gibt es den Teich mit seiner oft spiegelglatten Oberfläche, aber auch fließende Gewässer können als sehr ruhig empfunden werden, solange die Oberfläche nicht zu stark von Strudeln und Strömungswellen gezeichnet ist. Eine ruhige Meeresoberfläche ist immer bewegt, doch sind die Wellenzüge dann sehr abgerundet und ziemlich gleichmäßig. Die ständige Wiederkehr einer sanften Bewegung kann ebenfalls ausgesprochen beruhigend wirken. Die Regelmäßigkeit eines Rhythmus mit schwachen Schwingungen hat diesen Effekt.

In der bildlichen Darstellung scheint ruhiges Wasser viel leichter zu zeichnen oder zu malen zu sein als stark bewegtes. Die Ruhe zum Ausdruck zu bringen hat jedoch ihre Schwierigkeiten, die ein sorgfältiges Eingehen auf den ganzen Vorgang erfordern.

Ruhiges Meer, ein Versuch in Ölfarben

An Farben werden für dieses Beispiel gewählt: ein dunkles Ultramarinblau, Chromoxydgrün feurig, Titanweiß, Kobaltblau und Brillantgelb.

Die Malerei erfolgt von vorne nach hinten – das ist aber nicht zwingend. Zunächst werden die einzelnen Wellen in Ultramarinblau mit einem Borstenpinsel gemalt. Das ist jedoch eher ein grobes Vorstadium, denn es geht darum, Gestalt und Größe der Wellen festzulegen und harmonisch aufeinander abzustimmen. Auch sollte die Perspektive stimmen. Die vorderen Wellen müssen deutlich größer ausfallen als die jeweils dahinterliegenden. Wichtig ist vor allem die Form. Sie fällt weich und abgerundet aus. Diese Wellen sind also kaum vom Wind getrieben, sie sind mehr Dünung. Nach Festlegung von Form und Eigenart kommen Titanweiß und Chromoxydgrün ins Spiel. So können Helligkeiten geschaffen werden und die einzelnen Wellen werden weich miteinander verbunden. Der helle Bereich entsteht im mittleren Teil der Wasseroberfläche und scheint von einer Helligkeit hinter dem Horizont herzukommen. Der Himmel erhält eine Tönung aus Kobaltblau, Titanweiß und etwas Brillantgelb im Horizontbereich. Auch er vermittelt Ruhe.

Das Vorgehen ist relativ einfach. Es wird nicht vorgezeichnet, sondern gleich mit dem dunklen Grün begonnen. Die Wellen erhalten so ihre Gestalt. Die Wellentäler bekommen eine hellere Tönung. Sie sind die „Verbindungsstücke". Wichtig ist das Einbringen von Licht in diesen Bereich. Das helle Grün und Weiß erfüllen diese Aufgabe gut. Die Schwierigkeit dieser Arbeit besteht darin, der Wasseroberfläche durch Form und Anordnung der Wellen eine fließende Struktur zu geben.

Leicht bewegtes Wasser im Aquarell

Zwei Farben werden für diese Darstellung ausgesucht: Ultramarinblau und Kobaltblau. Malgrund: ein helles, einfaches Aquarellpapier, kaum gekörnt. Die Malerei verläuft ähnlich wie beim Ölbild, vom Vordergrund ausgehend in den Hintergrund hinein. Die Perspektive kann so am besten beachtet werden. Die Situation auf dieser Abbildung ist noch eine andere als in den vorigen Beispielen. Hier ist bereits viel mehr Wind im Spiel. Die Wellen sind höher und gratiger. Sie wachsen aus ihrer harmlos abgerundeten Form heraus, formieren sich zu größeren Einheiten und lassen Heftigkeit erahnen. Der Wind frischt also merklich auf, und bald werden die ersten Schaumkämme erscheinen. Zur Darstellung leicht bewegter Wasseroberflächen eignen sich Aquarellfarben sehr gut. Dasselbe gilt für Acryl- und Temperafarben. Sollte man stolzer Besitzer eines Satzes Rotmarderpinsel sein, malen sich gerade leichte Wellen fast von selbst.

Leicht bewegtes Wasser (Pastellzeichnung)

Dunkles Grün, helles Grün und Weiß sind die Farbtöne, die das Wellenszenario auf dieser Abbildung gestalten. Hier gibt es keinen Horizont: Man blickt also von oben auf die Wasseroberfläche. Sie ist bereits etwas stärker bewegt als die im vorigen Beispiel. Immer noch sind die Wellen abgerundet, aber schon recht ungleichmäßig. Das dunkle Grün gibt dem Wasser Tiefe und wirkt leicht bedrohlich. Insgesamt keine Situation zum Ausruhen also!

Fließendes Wasser, Bach, Fluß

Fließende Gewässer ermuntern stets zum Verweilen und zu eingehender Betrachtung. Da kommt leicht Nachdenklichkeit auf. Allein die sich bewegende Oberfläche bietet dem Auge eine Fülle von Reizen. Das Dahinströmen der Wassermassen hat einen ganz und gar unterschiedlichen Charakter. Mal geschieht es in einem sehr ruhigen, beinahe trägen Gleichmaß, dann wieder schnell und kataraktisch. Auf einem kleinen Flußabschnitt lassen sich manchmal völlig unterschiedliche Fließgeschwindigkeiten ausmachen. Unebenheiten wie Fels oder Steine mögen auch bei nicht so tiefem Wasser unsichtbar bleiben – Kräusel oder kleine Wellen an der Oberfläche verraten sie trotzdem.

Flüsse und Bäche sind in der Bilderwelt reichlich vertreten. Ob allegorisch gemeint oder nur durch ihr Erscheinungsbild beeindruckend, tauchen sie in unglaublich vielen Landschaftsbildern, gezeichnet und gemalt, auf.

Kleines Flußbild (Aquarell)

Die Sicht schräg von oben macht bei nicht allzugroßer Höhe den Ausschnitt klein. Diese Darstellung sollte aber auch nicht nur einen Flußlauf zeigen, sondern vielmehr eine ganz besondere Situation. Eine bestimmte Stelle steht hier im Mittelpunkt. Zu Anfang fließt das Wasser ruhig, um aber im weiteren Lauf unruhiger zu werden. Offenbar befinden sich unter der Wasseroberfläche Unebenheiten, die kleine Wirbel und Wellen verursachen.

Für diese Situation ist nur eine skizzenhafte Vorzeichnung nötig, die das Ufer und einige Einzelheiten dort aufzeigt. Für die Farbe des Wassers werden Chromoxydgrün, Kobaltblau und Umbra genommen. Aus ihnen wird ein sehr verhaltener Grundton für die Wasseroberfläche gemischt. Zum Ufer hin kommt mehr Farbe ins Spiel. Das Ufer und vor allem die beiden angedeuteten Bäume sollen sich im Wasser spiegeln. Die Wellen müssen sehr überlegt behandelt werden. Von ihrer Ausrichtung hängt ja die Fließrichtung des Wassers ab.

In ihrem Anfangsstadium fallen sie relativ groß aus. Im weiteren Verlauf werden sie kleiner und lösen sich in einer Fülle kleinerer Wellen und Wirbel auf. Der Einsatz farblicher Mittel zu ihrer Darstellung bleibt denkbar gering. Form und unterschiedliche Größe haben hier mehr Bedeutung. Zum Schluß bekommt die Wasseroberfläche noch ein paar helle Schlieren mit weißem Pastell, die den Eindruck des

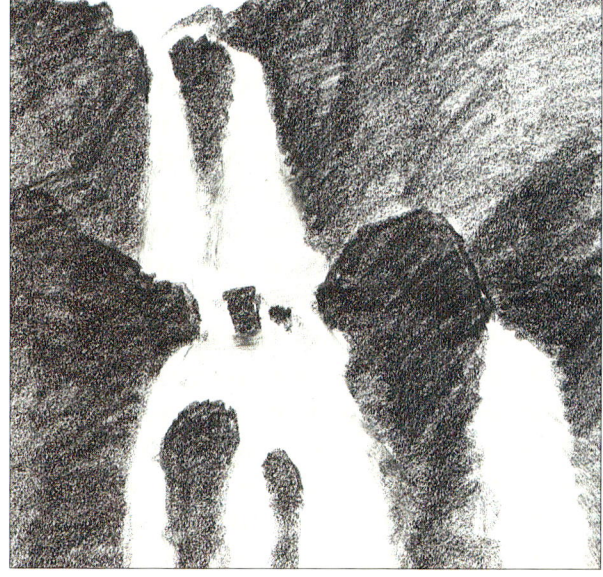

Fließens weiter verstärken sollen. Ufer und Bäume kommen zuletzt an die Reihe. Sie werden nicht so konsequent ausgemalt wie das Wasser. Dessen eigenartige Oberfläche ist hier das Hauptthema.

Gebirgsfluß (Pastell)

Hier geht es nicht um einen wildschäumenden, sondern um einen zwar schnellen, aber dennoch gleichmäßigen Fluß des Wassers. Bei Gebirgsflüssen sind solche Stellen meist recht tief. Diese Tiefe soll in der Abbildung irgendwie sichtbar gemacht werden. Eine knappe Bleistiftvorzeichnung umreißt das kleine Flußstück und deutet Formen der Felspartien an. Mit Umbra, Grau- und Ockertönen beginnt die eigentliche Zeichnung dieser Details der Umgebung. Das Wasser selbst bekommt direkt unterhalb der Felspartie einen recht tiefgrünen Ton. Die Felsen sollen auf dem Wasser Schatten bilden, sich aber zugleich deutlich unter der Wasseroberfläche fortsetzen. Sie werden also mit dem dunklen Grün im Wasserbereich weitergezeichnet, wenn auch nicht mit scharfer Kontur. Die Färbung des Wassers wird weiter differenziert. In der Mitte und mehr noch zum Vordergrund hin wird es heller gehalten. Strömung entsteht mit einigen Schlieren aus weißer Pastellkreide – ein denkbar einfaches Mittel, um derartige Wirkungen zu erzielen. Der schwierigste Teil dieser Zeichnung ist sicher die Darstellung der Felsen unter Wasser, doch die malerischen Materialien sind allesamt gut zur Bewältigung dieses Problems geeignet.

Wasserfälle

Wasserfälle üben eine solche Faszination aus, daß bereits Gefälle von wenigen Metern zur Attraktion werden, ganz zu schweigen von den großen Fällen dieser Erde, die Scharen von Besuchern anziehen und zu weiten Reisen Anlaß sind. Hier gibt es gewaltige Naturkräfte unmittelbar und meist gefahrlos zu bestaunen. Es ist ein Schauspiel, das unermüdlich und unverrückbar da ist. Veränderungen finden in unendlich langen Zeiträumen statt. Und doch läßt sich die ganze Kraft erahnen, die sich unaufhörlich durch massives Gestein frißt.
Wasserfälle und Stromschnellen tauchen deshalb in vielen Landschaftsdarstellungen, besonders des letzten Jahrhunderts, auf. Meist sind sie auf Ölbildern oder Aquarellen zu sehen. Die Unzahl von Zeichnungen, die sich um Darstellung bemühen, ist weniger bekannt.

Eine Skizze mit Graphitstift

Wasserfälle werden meist als schwer darstellbar angesehen. Die Heftigkeit der Wassermassen scheint mit Zeichenstift oder Pinsel nicht so leicht wiederzugeben zu sein.
Es geht bei der Darstellung aber weniger um das Wasser. Der Rand, die unmittelbare Umgebung des Wassers, verlangt viel mehr Aufmerksamkeit. Die nebenstehende Skizze mag dies anschaulich machen. Gezeichnet wird nur der Fels, das Wasser

33

selbst bleibt frei und wird gar nicht bearbeitet. Wasserfälle und Stromschnellen können auf diese Weise in jeder Form dargestellt werden. Ob hoch oder niedrig, schmal oder breit, die Art des Wasserlaufs wird durch seine Umgebung bestimmt. Sie zwingt einem Wasserfall Struktur und Oberfläche auf.

Eine Version in Pastell

Hierfür wird rauhes Aquarellpapier genommen. Zur farbigen Gestaltung werden ein klares, mittleres Grün, Weiß, verschiedene Grautöne und Umbra ausgesucht.

Die Vorzeichnung erfolgt mit einem Bleistift, der den Verlauf der Kaskade und der wichtigen Felspartien angibt. Der nächste Schritt gilt der Darstellung der umgebenden Felsen. Sie müssen Struktur bekommen und lichte und dunkle Oberflächen. Mitten durch sie muß sich nun der Wasserlauf seinen Weg bahnen. An allen Stellen, die das Wasser zum Sturz zwingen, bekommt es ein differenziertes Grün, immer wieder unterbrochen von weißen Streifen und Flächen. Auf diese Weise kann der Eindruck des schnellen Fließens mit Schaumbildung entstehen. Im Wasserlauf überwiegt deutlich das Weiß. Der Einsatz von Grün muß ganz vorsichtig und mit Bedacht erfolgen. Zuviel davon würde die ganze Wirkung verderben – jedenfalls geht der Eindruck eines Kataraktes verloren. Mit Pastell lassen sich aber auch hier einige Korrekturen vornehmen. Das wäre nach Trocknung der letzten Schicht ebenso mit Ölfarben möglich. In diesem Beispiel erleichtert das rauhe, stark gekörnte Papier zudem die Darstellung von Wasserspritzern.

Ein Versuch mit verdünnter schwarzer Tusche und Pinsel

Hier verdünnen wir die schwarze Tusche etwas, denn die Felspartien sollen nicht zu dunkel erscheinen. Die Vorzeichnung wird mit dünner Bleistiftlinie ausgeführt. Dann geht es weiter wie beim Malen mit Aquarellfarben. Nach und nach können so die Strukturen der Felspartien herausgeholt werden. Der Bereich des Wassers wird ausgespart. Nach unten hin laufen die Felsen und die großen Gesteinsbrocken im Vordergrund verwaschen aus; die Begrenzung bleibt also etwas unklar. Dadurch soll der Eindruck von Wassergischt erreicht werden. Das Wasser selbst erhält an den Rändern und im

Vordergrund einige kleinere Strukturlinien. Hier kann aber leicht zuviel des Guten getan werden. Die Gesamtwirkung wäre dann dahin und könnte auch nicht mehr korrigiert werden. Zuletzt geht es an die Gestaltung des Himmels. Hier wird die gesamte Fläche zunächst angefeuchtet. Durch die Naß-in-Naß-Malweise können Ränder- und Kantenbildungen vermieden werden. Erwünscht waren ja weiche Übergänge!

Das Malen mit Tuschen und verdünnten Tuschen erfordert die gleiche Aufmerksamkeit wie Aquarell-, Tempera- oder Acrylmalerei. In allen Fällen aber wird bei einem Motiv wie diesem das Wasser bis zum Ende ausgespart und dann mit äußerster Vorsicht behandelt. Allein deckende Farbtöne erlauben noch Korrekturen.

Wasserlachen, Pfützen

Pfützen gehören sicher zu den unscheinbarsten Wasseroberflächen. Tappt man in sie hinein, werden sie auch zu den unbeliebtesten. Genauer besehen, enthüllen diese Überbleibsel längeren Regens nicht nur für Kinder ganz eigene Reize. So spiegeln sich in ihren kleinen und größeren Oberflächen alle möglichen Dinge, und zwar nicht vollständig, sondern mehr bruchstückhaft, wie in den Scherben eines zerbrochenen Spiegels. Da sind Fragmente von Häusern, von Bäumen, ein Stück blauen Himmels, vielleicht mit ziehenden Wolken zu sehen. Pfützen – eine Anregung zur Poesie? Warum nicht!

Ein Versuch mit Bleistiften

Hierfür wird ein grobkörniges Papier ausgesucht, um die Struktur oder Krümeligkeit des Bodens besser darstellen zu können, sowie einige Bleistifte mittlerer Härten. Zunächst wird die Umrandung der Pfütze in etwa festgelegt. Einige Steine kommen hinzu, die die gesamte Fläche interessanter gestalten. Da ein flächiger Eindruck überwiegen soll, dür-

fen sie nicht zu groß ausfallen. Dann wird großzügig mit den Bleistiften geschummert. So erhält die Pfütze ihre dunkle Umrandung und damit ihre endgültige Form. In die geschummerten Flächen wird dann immer wieder hineinschraffiert. Auf diese Weise gerät der Boden unterschiedlich. Die Umrandung der Pfütze verdient besondere Aufmerksamkeit. Sie fällt relativ dunkel aus. Kleine Steinchen und Unebenheiten sorgen für eine Struktur. Es ist aber keine feste, sondern eine, die sich verläuft, die stellenweise „wegsackt". Die Wasseroberfläche soll klar bleiben, ohne den Effekt einer eindrucksvollen Spiegelung, die eindeutig klarmachen würde: Dies ist Wasser! So bleibt das Ganze ein wenig ungewiß. Mag sich der Himmel in der Pfütze spiegeln oder ein grauer Tag. Dies Motiv ist ein Beispiel dafür, wie mit wenig Mitteln etwas Unscheinbares zu einem kleinen Kunstwerk werden kann.

Eine Aquarellstudie „Pfütze"

Zu den vorbereitenden Arbeiten gehören hier einige wenige flüchtige Linien, die Umfang und Form der Wasserlachen festlegen sollen. Die Auswahl der Farben fällt bescheiden aus. Umbra, Terra di Siena und Kobaltblau reichen aus, um diese Studie farbig zu gestalten. Es wird rasch und großzügig gearbeitet, teils trocken, teils in Naß-in-Naß-Technik. Auf Details wie Steine, Erdkrumen usw. wird verzichtet. Die Spiegelung der Baumgruppe scheint das einzig konkrete Element in der Darstellung zu sein. Die Wasseroberflächen erhalten keine Eigenfarbe. Die helle Tönung des Malgrundes entfaltet hier ihre eigene Wirkung. Die Studie hat einen eher andeutenden Charakter, ist in ihrer Wirkung dennoch aussagekräftig.

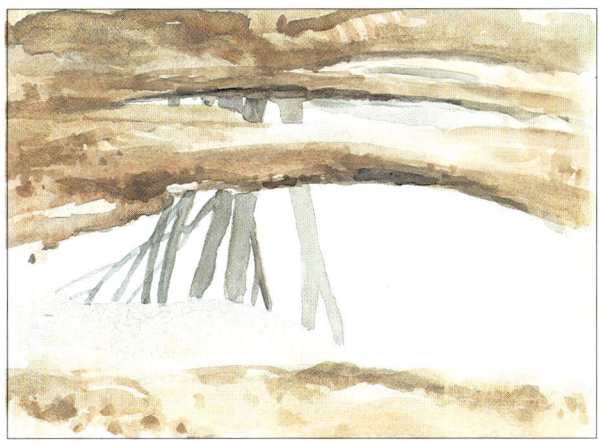

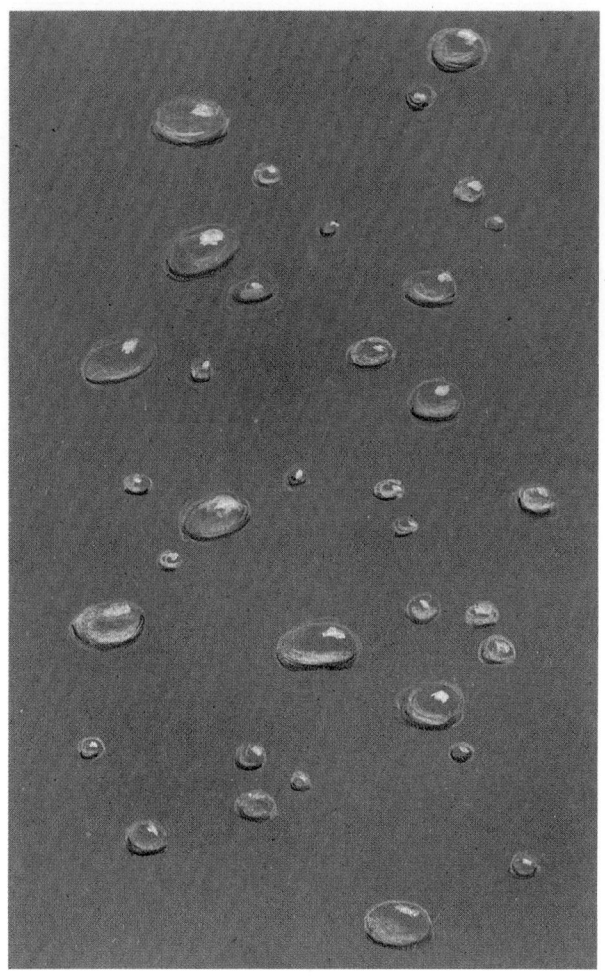
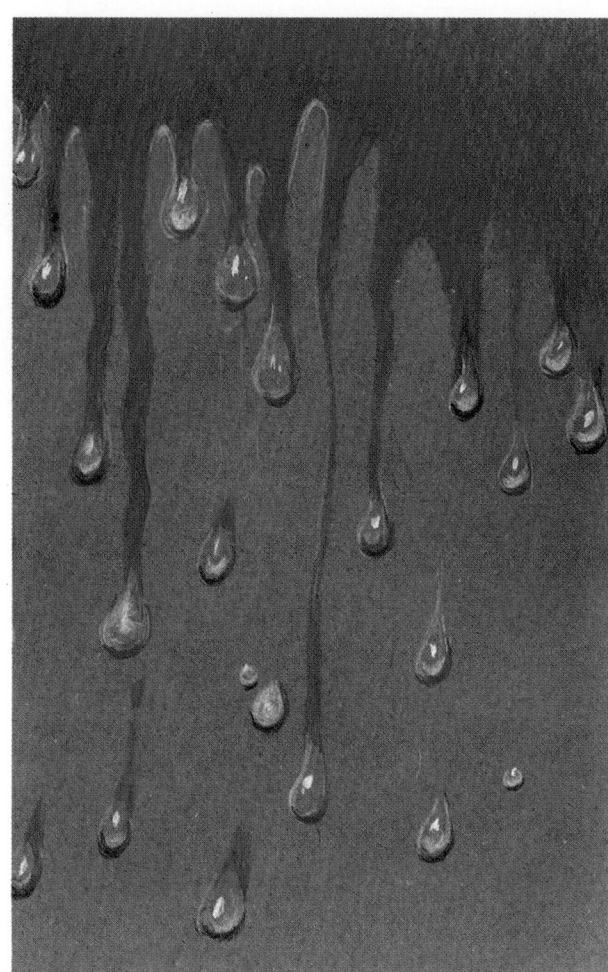

Wassertropfen

Auch hier handelt es sich um Wasseroberflächen, wenn auch im Miniformat. Wassertropfen beobachten wir täglich. Die ärgerliche Erscheinung des tropfenden Wasserhahns und die geballte Tropfenmasse eines Platzregens gehören dabei zu den eher unerfreulichen Erscheinungen. Immer aber geht von dieser besonderen Gestalt des Wassers eine gewisse Faszination aus, die Anreiz zur Beobachtung und für vielerlei Untersuchungen bietet. Letztere finden sich besonders im Bereich der Fotografie, die die Tropfenbildung und -auflösung oft genug dokumentiert hat. Regentropfen an Fensterscheiben oder Tränen auf der Wange haben ja auch mehr als nur eine physikalische Bedeutung. In Zeichnung und Malerei erscheinen Wassertropfen nicht so häufig. Als Tautropfen auf Gräsern und Blumen sind sie aber von ganz besonderem Reiz.

Wassertropfen, hinabrinnend (Kreidezeichnung)

Für diese Darstellung wird ein dunkel getöntes Papier gewählt. Das ergibt auch gleich einen geeigneten Hintergrund, der durch die Tropfen hindurchscheinen kann.

Die Auffassung ist hierbei folgende: Wasser soll an irgendeinem Material langsam hinabrinnen und dieses nach und nach durchtränken. Die bereits durchnäßte Partie wird mit dunkelgrauer Kreide markiert und gleichmäßig durchgestaltet. Einzelne Ausläufer suchen sich schlangenlinienförmig ihren Weg nach unten – Wege der hinablaufenden Tropfen; die werden am unteren Ende mit weißer Kreide umrissen. Im oberen Teil bekommen sie einen Lichtpunkt, im unteren eine helle Schattierung, die die Rundung der Gebilde anzeigen soll. Da die Tropfen sich auf einer Unterlage befinden, erhalten sie ganz unten und noch etwas seitlich einen Schatten mit dunkelgrauer Kreide. Andere Tropfen erscheinen gegen die Unterlage gesprenkelt. Sie haben nur eine kleine bzw. überhaupt keine Spur. So erscheint die Abbildung abwechslungsreicher.

Wassertropfen, aufliegend (Kreide)

Tropfen, die sich auf einer ebenen Unterlage befinden, haben die aerodynamische Form des freien Falles aufgegeben und präsentieren sich wie eine Ansammlung von Perlen oder kleinen Glaskügelchen. Ihre Größe ist unterschiedlich. Bedingung für diese Formgebung ist eine ebene, glatte und nichtsaugende Unterlage.

Ein getönter Zeichengrund vereinfacht, wie im vorher beschriebenen Beispiel, die Darstellung. Das Durchscheinende der Wassertropfen kann mit geringen Mitteln anschaulich gemacht werden. Mit einer hellen Kreide (Weiß oder helles Grau) wird der Umriß der einzelnen Tropfen gezeichnet. Wieder spielt der helle Lichtpunkt in der oberen Hälfte eine wichtige Rolle. In den unteren Bereich kommt etwas Grau, um die Rundung anzugeben. Mit einem dunklen Kreidestrich bekommt das Tropfengebilde seinen Schatten auf der Unterlage. Dieser Schatten ist wichtig, denn er betont den räumlichen Eindruck.

Tropfen in Einzeldarstellung

Diese Abbildung zeigt drei Arbeitsschritte: Umriß, Andeuten der Rundung und endgültiges Durchzeichnen mit Schattierung. Dieses Verfahren, hier für Tropfen im Fall, kann für zeichnerische- und Malmethoden gleichermaßen angewendet werden.

Verschiedene Wassertropfen im Aquarell

Diese Abbildung zeigt Tropfen in verschiedener Gestalt. In ihrem fallenden Zustand sind sie etwas übertrieben dargestellt, um die Fallbewegung anschaulicher zu machen. Im unteren Teil der Abbildung rinnen sie an einer schrägen Fläche herab und erscheinen von der Seite und von vorne. Hier kommen zwei Arten der Darstellung zur Geltung. Die blauen Tropfen werden, wie auch die fallenden, ganz „durchgemalt". Die dunkleren ergeben sich durch die Schrägstellung des Malpapiers. Es wird reichlich Flüssigkeit dazugegeben, so daß die Farbe hinabrinnen kann. Unten bilden sich dann dickere Tropfen, die aber rasch eintrocknen. Sie werden noch einmal übermalt und bekommen kleine Lichtpunkte.

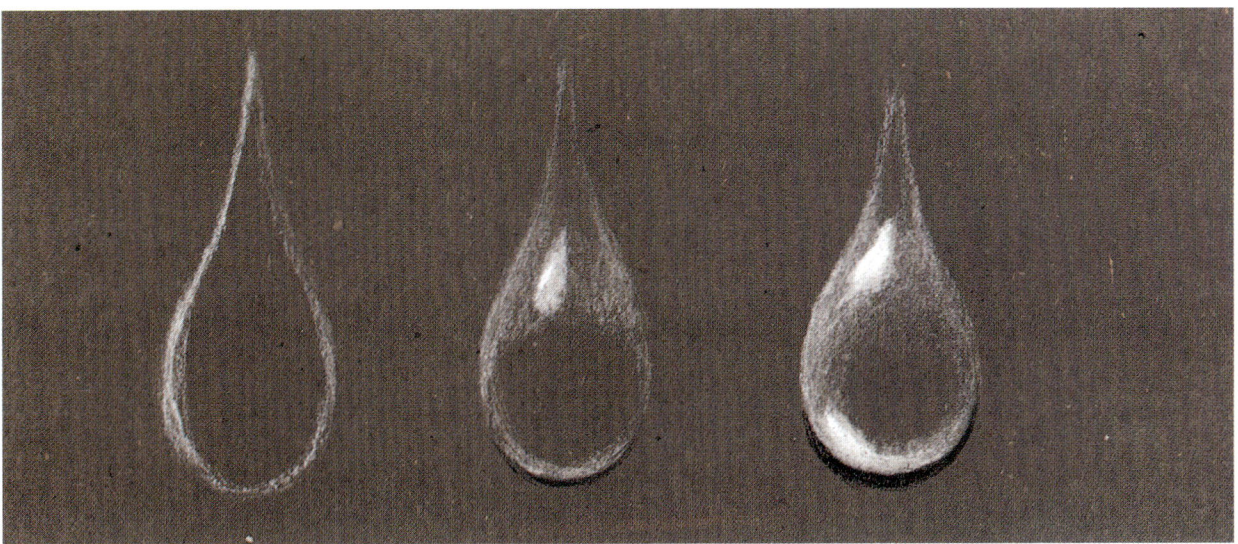

Eis

Massives Eis

Massiveis bedeckt die arktische und antarktische Region sowie weite Teile der Hochgebirge. Es handelt sich also um Gletschereis mit einer langen Entstehungsgeschichte und ganz besonderen Eigenschaften. Trotz seiner Mächtigkeit ist es in Bewegung. Zu den Rändern hin kann diese Bewegung recht schnell werden. Es kommt dann zu Abbrüchen. Diese Bruchseiten sind stark zerklüftet, von Rissen durchzogen und von unterschiedlicher Schroffheit.

Hier finden sich interessante Oberflächen, und das Eis offenbart viel von seiner inneren Struktur. In der Malerei finden sich immer wieder Darstellungen massiven Eises. Die aufgetürmten Eisschollen in Caspar David Friedrichs Bild „Gescheiterte Hoffnung" vermitteln Aussichtslosigkeit. Hier scheint das Leben zu Ende. In der bildlichen Darstellung erscheinen große Eismassen immer wieder als Bedrohung.

Gletscherabbruch (Pastellzeichnung)

Die hier gezeigte Abbildung schildert eine Situation, die in arktischen Gewässern häufig anzutreffen ist: Den Abbruch von Festlandeis oder einem großen Gletscher zum Meer hin. Die Front stürzt, stark zerklüftet, steil zum Meer hin ab.

Für diese Zeichnung scheint ein blaugrauer Untergrund geeignet. Die Oberfläche ist von einer „sanften Rauhheit", also wenig gekörnt. Weiß, ein sehr dunkles und ein helleres Grün, Grau und ein mittleres Blau genügen zur farbigen Gestaltung. Zunächst werden mit Weiß die Umrisse der großen und kleinen Elemente gezeichnet und die Oberfläche der großen Eismasse dann großzügig mit weißem Pastell bearbeitet; das ergibt einen ersten räumlichen Eindruck. Hier verdienen die Ränder Aufmerksamkeit. Ihr Verlauf soll die Steilwand gliedern und große und kleine Klüfte und Risse andeuten. Mit Grün, Grau und dem Blauton geht es dann in die Schattenpartien. Mit Weiß können die hervorspringenden Stellen herausgeholt werden. Die ganze Wand gerät so nach und nach zu einem plastischen Gebilde. Das dunkle Grün gestaltet die Wasseroberfläche. Hier soll eine leichte Wellenbewegung vorherrschen. Auf dieser ruhigen Wasserfläche schwimmen einige Eisbrocken unterschiedlicher Größe. Sie sind nicht weiter differenziert. Ihr Unterwasserverlauf und die Spiegelung werden nur angedeutet. Der Himmel bekommt einen fast einheitlichen Ton aus mittlerem Blau. Vorherrschende Farbe dieser ganzen Szenerie ist das Weiß. Es hebt alle Elemente aus dem tiefgründigen Grün heraus.

Eisschollen (Pastellzeichnung)

Diese Arbeit wird auf einem rauhen Aquarellpapier mit starker Körnung ausgeführt. Weiß, ein helles Blau, ein heller und ein dunkler Grauton, ein dunkles Grün und ein weißliches Gelb sind die Farbtöne, die verwendet werden.

Die Eisschollen der Abbildung sind altes Eis. Es ist nicht mehr fest und wirkt eher bröselig als kompakt. Es ist das Eis des Tauwetters, wie wir es gut von Flüssen und Binnengewässern her kennen. Von jeder kleinen Strömung hin und her getragen, fehlt ihm jede beeindruckende Mächtigkeit. Wasseroberflächen bekommen durch solche Eisschollen eine interessante Belebung. Zwischen den Eisstücken erscheint das Wasser immer etwas dunkler und tie-

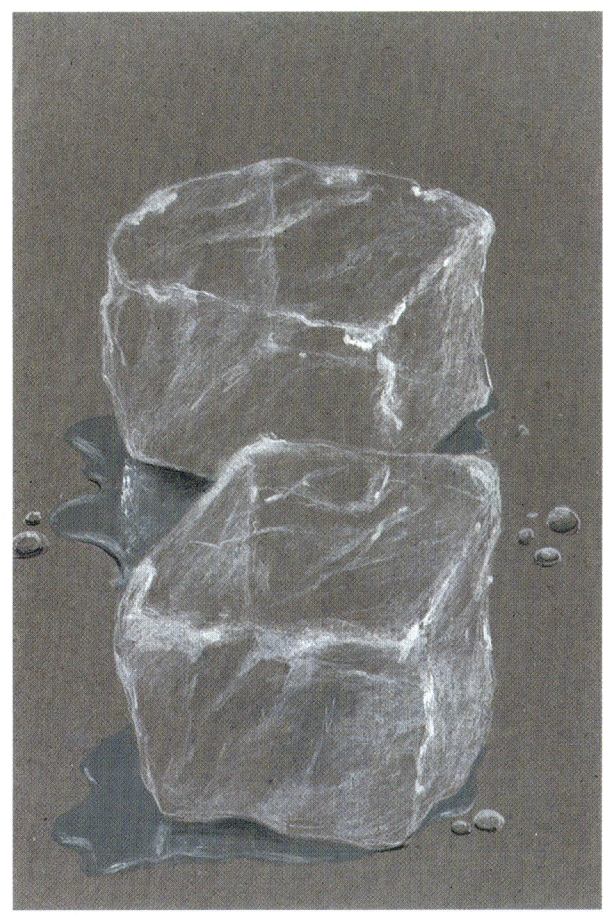

fer als sonst. Diese Zeichnung beginnt mit einem grauen Pastellstift, der die Umrisse der Eisschollen festlegt und ihnen ihren Platz im Bildformat gibt. Der helle Malgrund läßt es günstiger erscheinen, jetzt mit dem dunklen Wasser weiterzumachen. Die Formen der größeren und kleineren Schollen werden so prägnant herausgehoben. Die Bildmitte bleibt ein wenig heller. Von oben her kann dort eine Überarbeitung mit Gelb erfolgen: Der Eindruck eines Lichtschimmers ist so gegeben. Die Eisstücke erhalten eine kräftige Weißdecke, von etwas Blau oder Grau unterbrochen. Die vorderen Ränder werden dunkler gehalten, um etwas über die Dicke der Schollen auszusagen. Hier gerät auch das Wasser in schmalen Streifen sehr dunkel und bekommt seine Schattenpartien. Eine abschließende Überarbeitung des ganzen Bildes führt zu einigen Korrekturen und Abstimmungen. Für dieses Beispiel eignen sich Pastelle besonders gut. Die Kombination von Malerei und Zeichnung bietet diverse Möglichkeiten, nicht zuletzt die immer neuer Korrekturen – nach Fixierung.

Die Darstellung massiven Eises gelingt mit den meisten Materialien recht gut. Beim Aquarell empfiehlt sich wegen der geringen Korrekturmöglichkeit ein behutsames Vorgehen.

Eiswürfel

Eiswürfel sind keine spektakulären Gegenstände. Diese sehr praktische Sonderform des Wassers wird vor allem in Getränken als recht angenehm empfunden. Für welche Zwecke sie auch verwendet werden mögen, ihre Durchsichtigkeit und ihre Kühle besitzen einen eigenen Reiz. Das schnelle Dahinschmelzen rundet Ecken und Kanten zu „Handschmeichlern". Ihr Studium ist bei normaler Temperatur zeitlich begrenzt und nur mit neuen Exemplaren wiederholbar. Doch der ganze Aufbau dieser Gebilde ist so elementar, daß er keine allzulange Beobachtung erfordert.

Die zeichnerische Lösung (Kreide)

Für dieses Beispiel werden ein dunkel getöntes Papier und weiße sowie graue Kreiden ausgesucht. Weiße Kreide bezeichnet zunächst die Umrisse der beiden Würfel. Sie fallen nicht streng geometrisch aus, sondern unregelmäßig und weich. Der

Schmelzvorgang ist damit bereits angedeutet. Die rückseitigen Kanten werden mitgezeichnet, um die Durchsichtigkeit wahrnehmbar zu machen. Die Gestaltung der einzelnen Oberflächen geschieht recht verhalten. Sie wird mit weißer Kreide vorgenommen. Die Würfelseiten sollten nicht gleichmäßig glatt, sondern unregelmäßig, mit kleinen Höhen und Vertiefungen, ausfallen. Die Farbe des Zeichengrundes scheint überall beherrschend durch und vermittelt den Eindruck des Durchsichtigen der Eisgebilde. Die oberen Kanten erhalten stellenweise noch eine zusätzliche Weißhöhung, um Lichter anzudeuten.

Um die Eiswürfel herum sollte sich Schmelzwasser befinden; dies wird mit Graukreide gezeichnet. Kleine Lichtstellen an den Rändern und die Spiegelung einer Kante kommen hinzu. Sie lockern die nassen Stellen etwas auf. Ähnlich wie bei Wassertropfen ist eine einfache Darstellung von Eiswürfeln im zeichnerischen Verfahren relativ unproblematisch und mit sehr bescheidenen Mitteln zu erreichen. Neben Kreiden sind Pastelle gut geeignet. Mit Bleistift, Graphit oder Kohle ist die Wirkung nicht so leicht zu erreichen. Für diese Materialien sind hellere Zeichengründe nötig.

Eiswürfel im Aquarell

Ein ganz anderes Vorgehen ist hier bei den malerischen Methoden und Materialien nötig. In diesem Beispiel werden Aquarellfarben genommen. Der Malgrund ist ein stärkeres, helles Papier, mit geringer Körnung.

Zunächst beginnt alles mit einer schwachen Bleistiftzeichnung, die die Lage der Objekte im Bild und ihre Form bestimmt. Ebenso werden Unter- und Hintergrund angedeutet. Kobaltblau und Chromoxydgrün feurig werden mit etwas Umbra gedämpft und ergeben so die geeignete Grundfarbe für die Eisstückchen. Die Malerei geht von deren Kanten aus, wobei die jeweils linke und rechte Seite besonders bedacht werden. Insgesamt aber muß recht behutsam vorgegangen werden. Keinesfalls darf etwas „dichtgemalt" werden. Ein solcher Fall wäre kaum korrigierbar. Hier gilt also der Grundsatz: eher zu wenig als zuviel. Die abgewandten Ecken und Kanten müssen durch die vorderen Flächen sichtbar werden. Letztere werden, wie schon im zeichnerischen Beispiel, unregelmäßig gestaltet und erhalten zum Schluß stellenweise eine Weißhöhung mit weißer Kreide. Dies gilt auch für

einige Ecken und Kanten. Das Schmelzwasser wird zurückhaltend behandelt und der Eisfarbe noch ein Schuß Umbra beigegeben. An den Rändern erhält der Schmelzwasserbereich etwas Weiß. An die Eiswürfelkanten kommt eine dunkle Abtönung, die Schatteneffekte bewirken soll.

Der Hintergrund wird bei diesem Malvorgang zuletzt vorgenommen. Ein leichtes, gedämpftes Blau scheint geeignet. Mit Sorgfalt wird um den hinteren Eiswürfel herumgemalt; der Würfel selbst erhält im Bereich des Hintergrundes eine Nachtönung. Die Kante zwischen Unter- und Hintergrund wird so durch ihn hindurch sichtbar.

Das Aquarell bedeutet schon ein wenig mehr Arbeit als die Zeichnung. Hier sind auch einige weitere Variationen denkbar. So würde ein dunklerer Untergrund dem Ganzen eine andere Wirkung verleihen. Wie müßte dann das Schmelzwasser aussehen?

Gute Ergebnisse lassen sich mit Acryl-, Tempera- und Ölfarben erzielen. Auch hier verspricht eine lasierende Malweise den besten Erfolg.

Früchte

Jede Frucht hat ihre spezifische Oberfläche mit besonderer Beschaffenheit und Farbe. Seit jeher haben Früchte zur Malerei und zur zeichnerischen Darstellung gereizt. Die Bilder der Alten Meister sind voll davon. Hervorragende Früchtestilleben stammen aus der niederländischen Malerei. Hier sind die Oberflächen und die Eigenart der einzelnen Früchte äußerst detailliert und unübertroffen dargestellt. Häufig wurde für diese hypergenaue Malerei eine Mischtechnik aus Tempera und Ölfarben angewendet.

Es ist wahr, diese Bilder sind unübertroffen. Die heutigen malerischen Mittel und Tricks mögen schneller fotografisch genaue Oberflächen schaffen, doch gehen die alten Bilder weit über die Fotografie hinaus. So sind die Früchte dort in ihrem jeweiligen Bildzusammenhang viel realistischer als auf vielen heutigen Fotos.

Nach wie vor aber sind Früchte aller Art bevorzugte Objekte in Stilleben.

Zitronen

Zitrone, Mischtechnik aus Aquarell, Pastell, Buntstift und Acryl

Für diese Abbildung steht eine einzelne Zitrone Modell. Es gilt, Farbe und Oberflächenbeschaffenheit möglichst genau zu erfassen und wiederzugeben. Der Umriß der Zitrone wird mit Bleistift auf ein einfaches Aquarellpapier gezeichnet. Mit einem sehr hellen Gelb wird nun der ganze Bereich ausgemalt und eine dünne Wachsschicht auf die Stellen gerieben, die die hellsten Lichter zeigen sollen.

Dunklere Gelbtöne werden jetzt in Richtung der Ränder gesetzt, so daß sich allmählich eine Schattierung ergibt. Die Oberfläche der Zitrone ist aber keineswegs berechenbar gleichmäßig, sondern stellenweise etwas höckerig, besonders zur rechten Seite hin, an der sich der Stielansatz befindet. Dieser Ungleichmäßigkeit muß auch die Schattierung entsprechen. Zur Vertiefung des Schattens wird noch Chromoxydgrün genommen, denn diese farbliche Abstufung entspricht auch einigen grünlichen Stellen der Schale. Mit weißem Pastell können die hellsten Stellen auf der Oberseite betont werden. Einige Striche mit einem dunkelgrünen Buntstift sollen abschließend die Rundung noch stärker herausholen.

Zitrone, verschiedene Ansichten

Zitrone ist nicht gleich Zitrone. Bei genauerem Hinsehen werden Unterschiede sichtbar. Da variiert nicht nur die Größe; auch die Oberflächen der Schalen können schon recht unterschiedlich aussehen: Sie können fein, aber auch ziemlich grob ausfallen. Neben den farblichen Unterschieden ist das für die Darstellung natürlich interessant.

Auf alten Stilleben sieht man häufig aufgeschnittene Zitronen. Außer der Schnittfläche wird meist noch ein Ende der abgeschälten Schale sichtbar. Als Symbol der Vergänglichkeit hatte das so dargestellte Objekt natürlich seine ganz bestimmte Bedeutung.

Die Schnittfläche einer gerade aufgeschnittenen Zitrone wirkt frisch und ganz appetitlich. Es ist nicht eben leicht, diese Frische auch in einer Abbildung wiederzugeben. Das Innere dieser Frucht zeigt eine ganz bestimmte Struktur. Da sind die acht Kammern, die das Fruchtfleisch enthalten. Die eingestreuten Kerne zeigen sich nicht immer offen. Hier gibt es also viele Details und eine etwas heikle Oberfläche.

Für das hier abgebildete Beispiel wird ein einfaches Papier ausgesucht und mit Acrylfarben bemalt. Mit ihnen kann man immer wieder neu über dieselbe Stelle lasieren, ohne daß die darunterliegende Schicht betroffen wird. Für die Darstellung der Schnittfläche scheint dieses Material gut geeignet. Eine Vorzeichnung legt Form und Lage der einzelnen Objekte fest. Das Augenmerk gilt gleich der angeschälten Zitrone mit ihrer Schnittfläche. Hier wird sehr vorsichtig verfahren und nur wenig Farbe eingesetzt. Für den etwas „säuerlichen" Frischeeffekt

muß den Gelbtönen stellenweise ein wenig Chromoxydgrün beigemischt werden. Die Kerne erhalten etwas Umbra. Die Darstellung des geschälten Schalestücks ist dagegen schon einfacher: Das Wechselspiel von Licht und Schatten mußte hier beachtet werden. Die ganze Zitrone wird etwa so gemalt, wie für das vorige Beispiel geschildert, nur daß Acrylfarbe Verwendung findet.

Für die Darstellung von Früchten eignen sich vornehmlich die Materialien wie Ölkreiden, Buntstifte und besonders Pastelle, die einen eindeutig malerischen Effekt haben und mit denen man gute Resultate erzielt.

Paprikaschoten

Es sind Früchte, deren eindeutige Farbigkeit knackige Frische verheißt. Die Oberfläche ist glatt, glänzend und die Farbe ist meist ein makelloses Rot, Grün oder Gelb. Es ist jedoch die Oberfläche, die besticht und auch Anlaß ist zur malerischen Wiedergabe. Von der Struktur wird zunächst kaum etwas sichtbar. Eine Darstellung in Grautönen oder in Schwarz und Weiß würde zwar zu einer klaren Abbildung führen, auf der unzweifelhaft Paprikaschoten zu erkennen wären. Das Bild wäre allerdings sehr unbefriedigend, ginge doch die Hauptattraktion Farbe verloren.

Zwei Paprikaschoten 1 (Pastellzeichnung)

Hier werden zwei frische Paprikaschoten zu einem Stilleben drapiert. Die rote und die grüne Farbe bilden einen reizvollen und starken Kontrast. Zeichengrund ist ein sehr rauhes und kräftiges Aquarellpapier mit einer leichten, dunkelgelben Tönung. Die genaue Vorzeichnung mit Bleistift soll die spätere Ausführung erleichtern. Die Arbeit be-

ginnt mit dem Untergrund. Ein Ockerton und ein sehr helles Violett scheinen die geeignete Umgebung für die kräftigen Farben der beiden Früchte. Die rote Paprikaschote ist das erste Objekt. Ein mittlerer Rotton sorgt für eine Grundfarbe, die über die ganze Oberfläche geht. Nur die Lichtstellen bleiben frei. So wird auch die grüne Frucht gemalt, hier jedoch gleich mit dem dunkelgrünen Farbton. Wieder bleiben die hellsten Stellen von Farbe unberührt. Die Stielansätze werden Hellgrün. Diese Abbildung zeigt das Vorgehen bis hierher als ersten Schritt.

Zwei Paprikaschoten 2

Bis hierher ist also eine Art Vorarbeit erfolgt. Alles ist festgelegt und die weiteren Schritte sind klar. Die Aufmerksamkeit gilt nun zunächst wieder der roten Frucht. Ein dunkler Rotton soll jetzt für Schattierung und plastische Ausführung sorgen. Genaue Beobachtung der Lichtverhältnisse auf der Oberfläche ist nötig. Ihr Glanz macht das Spiel von Licht und Schatten äußerst abwechslungsreich. Bei den Lichtern gibt es etliche Abstufungen und spiegelnde Effekte. Gerade sie sind für die Darstellung von Glanz sehr wichtig. Am Ende ergibt sich das plastische Bild einer Frucht mit einer etwas skurrilen Gestalt und einer leuchtendroten, glänzenden Oberfläche.

Die grüne Frucht bietet andere Licht- und Schattenverhältnisse. Sie erfordern genausoviel Beachtung wie bei der roten Frucht. Die dunkle Farbe ist hier bereits vorhanden. Es geht jetzt um Aufhellungen unterschiedlichen Grades. Diese erfolgen mit helleren Grüntönen und mit Weiß. Das Farbpulver wird leicht verwischt, um harte Konturen zu vermeiden – ein durchaus malerisches Vorgehen. Mit hellem Grün wird auch der Stielansatz bearbeitet. Er hat eine andere Konsistenz als die übrige Oberfläche der Frucht und glänzt nicht. Der Stielansatz der roten Frucht wird bei diesem Arbeitsgang gleich mit bedacht – die Stelle ist ja bisher frei geblieben. Jetzt geht es noch einmal an die hellsten Lichter. Sie bekommen noch einen kräftigen Strich mit weißer Pastellfarbe, die zu den Rändern hin verwischt wird. Die Paprikaschoten sind nun fertig und glänzen recht plastisch auf ihrer Unterlage. Mit Blau und einem dunklen Grau werden abschließend Schatten gezeichnet – Schlagschatten, die den räumlichen Eindruck verbessern. Die Beschaffenheit dieser Früchte läßt sich auch mit anderen Mitteln treffend darstellen: Ölfarben, Acryl, Gouache und Tempera versprechen hier gute Ergebnisse.

Apfelsinen

Apfelsinen leuchten schon von weitem mit warmen Orange-Farbtönen. Ihre Form ist runder als die von Zitronen. Die Beschaffenheit der Oberfläche ist, abgesehen von der abweichenden Färbung, ähnlich. Auch diese Früchte sind Objekte vieler Stilleben, wenn auch längst nicht so häufig wie Zitronen. Hier werden sie meist zusammen mit anderen Früchten dargestellt. Es ist die Oberfläche, die hier zur Darstellung reizt. Erst ein Schnitt würde das Innere und damit die Struktur bloßlegen.

Zwei Apfelsinen 1

Hier wird ähnlich wie bei den Paprikaschoten vorgegangen. Es wird auf einem gleichartigen Aquarellpapier vorgezeichnet. Wieder beginnt alles mit dem Hintergrund. Diesmal wird der Ockerton weggelassen. Statt dessen gibt ein mittleres Violett den vorherrschenden Ton an. Vor diesem Hinter- bzw. Untergrund sollten sich die beiden Früchte deutlich abheben.
Weiter geht es jetzt mit der vorderen Orange. Ein relativ helles Rot sorgt für einen Grundton. Die hellen Stellen im oberen Teil des Fruchtkörpers bleiben noch frei.
Genauso wird die zweite Apfelsine gestaltet. Gleiche Form und gleiche Farbe der Früchte erleichtern natürlich die Arbeit. Man könnte ebenso eine viel größere Anzahl von ihnen zeichnen. Eine qualitative Abwechslung ist dies aber nur bei einer geschickten Drapierung im Bildformat. Diese Abbildung zeigt ein Zwischenstadium.

Zwei Apfelsinen 2

Die Oberflächen der beiden Apfelsinen müssen jetzt nur noch zu Ende gearbeitet werden. Die sehr rauhe Oberfläche des Papiers erleichtert die Wiedergabe der Großporigkeit der Schalen. Schatten und Rundung werden mit dunkleren Rottönen durchgezeichnet. Wichtig ist hierbei das Vermeiden von Eintönigkeit. Hier hilft eine differenzierte Anwendung der unterschiedlichen Rottöne. Von der Gleichmäßigkeit der Schalenoberflächen heben sich die Ansatzstellen der Stiele deutlich ab. Die Apfelsinenschalen erscheinen hier wie „zugenäht". Die Ansatzstellen werden zu einer Art Pfropf. Ein bißchen Grün, Umbra und Schwarz ergeben hierfür die passende Farbigkeit. Die Schatten auf der Unterlage bilden die Schlußphase dieser Arbeit.

Gemäuer

Mauern aus Natursteinen

Die Verwendung von Natursteinen in Mauerwerk ist sehr an den Ort gebunden. In gebirgigen Gegenden sind Steine der unterschiedlichsten Beschaffenheit Baumaterial mit Tradition und finden auf vielerlei Weise Verwendung. Häuser, Dörfer, aber auch ganze Städte wurden mit ihnen errichtet. Behauen oder verwendet wie vorgefunden, versprachen sie Festigkeit auf Dauer. Die einzelnen Steine wurden dabei entweder trocken, ohne Vermörtelung, aufeinandergeschichtet oder aber miteinander vermörtelt. Oft trifft man auch nachträgliche Verfugungen, die die Folgen der Verwitterung ausbessern sollen. Der einzelne Stein tritt in derartigen Mauerwerken kaum in Erscheinung. Die Eigenart der Gesamtstruktur ist optisch bestimmend.
So spielt die Struktur auch in der bildlichen Darstellung die Hauptrolle.

Strukturzeichnung mit dem Graphit-Aquarellstift

Dieses Beispiel zeigt einen Ausschnitt aus einer Mauer mit Natursteinen. Ihre Form ist länglich, flach und hinreichend breit, was ein stabiles Aufeinanderschichten der Steine ermöglicht. Zwischenräume und Löcher sind mit kleineren Brocken „gestopft". Die Struktur wird bestimmt durch eine waagerechte Schichtung sowie durch unregelmäßige Zwischenräume mit unterschiedlicher Tiefe. In der Darstellung erlaubt der Graphit-Aquarellstift eine etwas körnige Wirkung, die durch

eine rauhe Papieroberfläche verstärkt werden kann. Zur Schattierung der Löcher und Zwischenräume wird der Stift angefeuchtet. Dadurch geraten diese Stellen aquarellartig und recht plastisch. Zeichenkohle, Kreiden und weiche Bleistifte eignen sich für Darstellungen dieser Art ebenfalls sehr gut.

Die Mauer als Element in der Kulturlandschaft (eine Rötelzeichnung)

In den Landschaften des Mittelmeerraumes sind Mauern aus lose aufgeschichteten Natursteinen oft anzutreffen. Sie gestalten manchmal ganze Landstriche. Ihre Funktion ist vielseitig. Sie dienen der Begrenzung von Grundstücken und Ländereien ebenso wie dem Schutz vor Erosion an Hanglagen. Den Unebenheiten des Geländes angepaßt, scheinen sie ganz natürlich dazuzugehören. Im beschriebenen Beispiel dient eine solche Natursteinmauer dem Schutz eines Olivengartens.
Die Zeichnung wird mit einem Rötelstift auf einem einfachen Skizzenpapier angefertigt. Rötel ist in fettigeren und kreidigen Ausführungen zu haben. Hier nehmen wir die kreidige Version. Sie hat einen groben, körnigen Strich, der der Beschaffenheit der Steine eher entspricht. Die Zeichnung betont Struktur und Verlauf der Mauer, wobei einzig die oben aufliegenden Steine ihre Form verraten.
Rötel gibt einer Zeichnung stets einen angenehm warmen Ton. Kohle und Sepia wirken kühler und härter. Zur Darstellung von Mauerwerk sind sie aber ebenfalls hervorragend geeignet.

Eine Brücke aus Natursteinen (Pastellzeichnung)

Seit alters her wurden auch Brücken aus vorgefundenen Steinen gebaut. Sie hatten zum Teil eine lange Lebensdauer und daher oftmals große

Bedeutung für die lokale Geschichte einer Gegend. Kleinere Steinbrücken aus früheren Zeiten sind in ganz Europa zu finden. In abgelegenen Gegenden erfüllen sie oftmals noch heute ihren Zweck. Die vorliegende Zeichnung zeigt eine derartige Brücke in Mittelschweden. Sie ist aus grauen Granitsteinen erbaut und nicht weiter vermörtelt.

Zur Darstellung werden überwiegend graue Pastelltöne verwendet. Ein Papier mit rauher Oberfläche dient als Zeichengrund. Die sehr dunklen Stellen werden mit Zeichenkohle und bei Bedarf mit einem Wischer bearbeitet.

Auch hier steht wieder die Struktur im Vordergrund. Der einzelne Stein spielt kaum eine Rolle.

Hausmauer aus Natursteinen (Aquarell)

Die Verwendung natürlicher Steine im Häuserbau wurde bereits erwähnt. Während in den Städten zum Teil sehr kunstvolle Bauwerke daraus geschaffen wurden, blieb in den ländlichen Gebieten alles einfacher. Man nahm die passend erscheinenden Materialien und verwendete sie nach eher elementaren, aber erprobten Regeln. Steinhäuser dieser Art werden im Gegensatz zu der heutigen, nüchternen und „durchgestylten" Bausubstanz als malerisch empfunden. Tatsächlich haben sie aufmerksamen Blicken eine Fülle interessanter Einzelheiten und Strukturen zu bieten.

Sie reizen allemal zur zeichnerischen und malerischen Darstellung. Hierfür sind auch Aquarellfarben gut geeignet. Sowohl die Naß-in-Naß-Technik als auch das trockene Verfahren können zu guten Ergebnissen führen. Zur Darstellung der Struktur sollten die Farben aber trocken aufgetragen werden. Im nebenstehenden Beispiel wird zunächst mit schwachem Bleistiftstrich vorgezeichnet. Die einzelnen Steine erhalten einen Grundton aus Umbra und Ocker. Caput mortuum, Umbra und etwas Grün ergeben einen geeigneten Farbton für die Schattenstellen. Mit Schwarz läßt sich dieser Ton weiter variieren.

Für Öl-, Acryl- und Temperafarben sind alle Arten von Gemäuer dankbare Objekte. Auch Mischtechniken versprechen gute Erfolge.

Mauerwerk aus Ziegeln

Mauerwerk ist überall. Wenn nicht aus Beton, so bestehen alle Bauwerke aus Mauerwerk. Es wird aus gebrannten Ziegeln unterschiedlicher Qualität und Färbung, Kalk-Sandstein oder zugeschnittenen oder behauenen Natursteinen errichtet. Die Ausführung von Mauerwerk ist ebenfalls recht unterschiedlich. Mauerwerk ist also nicht gleich Mauerwerk. Es handelt sich hier um Oberflächen, die durch die Anordnung einzelner Elemente, der Steine, strukturiert sind, und zwar in einer strengen Ordnung, die Material und Statik vorschreiben. Nischen, Erker, Ein- und Ausbuchtungen jeder Art, die Einbeziehung von Holz (Fachwerk) und anderem Material gestalten Mauern abwechslungsreich und interessant. Wie oft sie auch unterbrochen ist, die Grundstruktur bleibt immer erhalten.

Ein Stück Mauer (Bleistiftzeichnung)

Zu dieser Zeichnung ist ein bißchen Vorarbeit nötig. So soll die Vorzeichnung Lage und Größe der Steine festlegen. Die Darstellung einer Ecke macht eine perspektivische Verkürzung der Linien notwendig. Für die Zeichnung selbst werden relativ harte Bleistifte bevorzugt. Kleine Details wie Unebenheiten, Risse und kleine Löcher in den Oberflächen der einzelnen Steine sollen abgebildet werden. Das Zeichnen selbst kann recht schnell und großzügig

erfolgen. Immerhin sind die einzelnen Steinoberflächen nicht weiter differenziert und hier von annähernd gleicher Grauwertintensität. Die Fugen bleiben zunächst ausgespart. Sie sollen die hellsten Stellen in der Zeichnung bleiben. Eine Grauwertabstufung erfolgt hier zuletzt. Mögen Mauern auch ganz und gar als Flächen erscheinen, so haben die einzelnen Steine doch noch eine gewisse Räumlichkeit. Sie treten ja etwas aus den Fugen hervor. So bekommen ihre Unterkanten hier Schatten. Mit den Seitenkanten der rechten Seite wird ähnlich verfahren. Die Seitenkanten der linken bleiben hingegen hell. Kleinere Löcher und Risse kommen noch ins Bild. Mit Bleistiften lassen sich derartige Bildobjekte ganz gut darstellen. Sie erlauben jede Detaildarstellung bis hin zur Körnigkeit eines Materials.

Mauerwerk, in Braunkreiden

Die Vorzeichnung erfüllt in diesem Fall die gleiche Aufgabe wie vorhin geschildert. Auf einem braungetönten, nicht glatten Papier kann dann die Arbeit mit den Braunkreiden beginnen. Der rötlichbraune Farbton, den die meisten gebrannten Ziegel haben, kann mit diesem Material gut wiedergegeben werden. Die Fugen bleiben bis zuletzt frei und werden dann mit Weiß und einem hellen Grauton gezeichnet. Die Farbigkeit der einzelnen Ziegel wird ein wenig variiert, um ein zu großes Gleichmaß zu vermeiden.

Mauerwerk, in Braun- und Graukreiden

Dieser Ausschnitt sieht das Mauerstück platt von vorne. Hier wird aber ein anderer Zeichenuntergrund gewählt, ein stark gerauhtes Aquarellpapier. Diese Oberflächenstruktur soll helfen, eine rauhe Steinoberfläche wiederzugeben – von ihrer Körnigkeit soll etwas in der Abbildung zu sehen sein. Eine Vorzeichnung wird hier nicht gemacht. Die Stücke brauner Kreide werden in ihrer ganzen Länge benutzt und der Abrieb bedeckt gleich eine ganze Fläche, wobei die porenartigen Vertiefungen der Papieroberfläche meist frei bleiben. Das ergibt schon einen Teil des gewünschten Effekts. Die einzelnen Steine erhalten einen deutlich unterschiedlichen Farbton. Die sonst eher langweilige Fläche gerät so ein wenig interessanter. Die Fugen kommen wieder zuletzt dran. Zwei verschiedene Grautöne erfüllen hier ihre Aufgabe.

Ein Stück Mauerecke (Aquarell)

Die Vorbereitung unterscheidet sich in nichts von der für die vorigen Abbildungen. Teils wird dann naß-in-naß, teils lasierend gemalt. Terra di Siena,

Englischrot, Umbra und Lichter Ocker werden als Farben genommen, die Fugen mit Lichtem Ocker gemalt. Eine Licht- und eine Schattenseite helfen mit, den Eindruck einer Hausecke zu erreichen. Das Motiv ist mit allen Mal- und Zeichenmaterialien ohne weiteres zu erarbeiten.

Altes Mauerwerk

Alte Gemäuer stecken voller Geschichten. Man sieht sie ihnen an. Abgesehen von manch anderer Zerstörung zeigt sich die Verwitterung an Steinen und Fugen. So sind die Steinoberflächen oft porös geworden. Der Mörtel in den Fugen ist bröselig und hat seine Bindekraft verloren. So sind die einzelnen Steine in einer alten Mauer oft ohne den Zusammenhalt, den die Mauerstruktur noch vorgibt. Auch neu verfugt und nachträglich verputzt, geht der Putz dahin, zeigt immer mehr Risse, bröckelt ab und vermag den Verfall nicht mehr zu verdecken. So wenig erfreulich dieser Vorgang sein mag, er hat seinen eigenen, etwas morbiden Reiz, und seine sichtbare Seite mag man als malerisch bezeichnen. Für Zeichnung und Malerei sind alte Gemäuer also eine Fundgrube, nicht nur wegen ihrer langen Geschichte, sondern rein ästhetisch gesehen, wegen ihrer interessanten Oberflächen und Strukturen.

Altes Mauerwerk (Pastell und braune Kreiden)

Hierfür wird eine knappe Vorzeichnung auf grauem Papier angefertigt. Die Schichtung der Steine und ihre Größe müssen festgelegt werden, denn die Größe darf ja nicht variieren. Die verputzte Fläche kann noch unberücksichtigt bleiben. Dann beginnt die Zeichnung mit Braunkreiden. Sie haben einen etwas groben Abrieb, der der Oberflächenbeschaffenheit der Ziegelsteine entgegenkommt – sie gerät entsprechend körnig. Der unterschiedliche Farbton der Braunkreiden ist dieser Arbeit ebenfalls sehr förderlich. Die einzelnen Steine können so unterschiedlich gestaltet werden; eine farblich langweilige Aneinanderreihung wird vermieden. Die auseinanderbrechende Putzfläche wird mit grauen Pastellstiften gezeichnet. Auch sie darf nicht eintönig ausfallen. Die Oberkanten der Putzstücke erhalten eine leichte Weißhöhung, damit die Lichtstellen sichtbar werden. In die Risse und die Unterkanten der Ziegel kommt ein wenig Schwarz, um Schattenbildung anzudeuten. Die Fugen werden teils mit Grau, teils mit Weiß gezeichnet, ebenso die Oberkanten der Steine. Sie sollen dadurch Räumlichkeit bekommen. Immerhin ragen die einzelnen Steine ja etwas aus ihrer Verfugung hervor.

Altes Mauerwerk mit Putz und Tür (Acryl)

Dieses Mauerstück ist nicht direkt von vorn gesehen, sondern leicht von der Seite. Bei der Vorzeichnung spielt dadurch die perspektivische Verkürzung eine wichtige Rolle. Gibt es hierbei keine Klarheit, bricht die Mauer, bildlich gesehen, auseinander. Die Vorzeichnung legt also die Größe und Form der Steine im Mauerverband fest. Türrahmen und Tür werden gleich miteingebaut. Dann beginnt die farbige Gestaltung mit den Acrylfarben. Sie wird schichtweise ausgeführt, aber stellenweise auch in der Naß-in-Naß-Technik. Die Verläufe gestalten die Oberflächen interessanter, machen sie auch älter. Der Bereich des Mauerputzes bleibt zunächst unberührt, ebenso die Fugen. Die Steine werden an die verputzte Stelle herangemalt. Diese bleibt immer noch frei, bekommt aber jetzt Risse. Die werden ganz unterschiedlich gestaltet. Wichtig ist am Ende der Effekt

einer zwar kompakten, aber bröselnden Schicht. Die Tür aus groben Brettern erhält einen kräftigen Umbraton. Die Holzmaserung wird angedeutet. Zuletzt werden noch Fugen gemalt. Sie bleiben teils hell, teils erhalten sie eine dunkle Zeichnung. Auch sie sollen in diesem Zusammenhang nicht mehr „neu" aussehen.

Gemäuer aus behauenen Natursteinen (Aquarell)

Alte Gemäuer aus behauenen oder unbehauenen Natursteinen bilden lohnende Motive. In diesem Fall wurden die Steine gerade gehauen. So passen sie natürlich viel besser in einen Verband und können ein festes Gefüge bilden. In diesem kleinen Aquarell herrschen Ocker- und Umbratöne vor. Ocker läßt das Ganze aussehen wie von der Sonne beschienen. Diese Abbildung zeigt mehr von der Struktur des Gemäuers als von den Oberflächen der Steine.

Dächer, Dachpfannen, Dachziegel

Nicht nur Dächer können eine vielfältige Form aufweisen. Auch das Material, mit dem sie gedeckt sind, ist vielgestaltig. Natürlich sind dies in erster Linie Zweckformen. Die Dachpfannen sollen einen festen Zusammenhalt bilden, der das Innere der Gebäude vor Sturm und Regen schützt. Sie sind also so etwas wie der „Hut" des Hauses. Wie die Formen, so sind auch die Farben verschieden. Ein helles Rot ist häufig auf den Dächern des Mittelmeerraumes zu finden. Zu den oft weißgetünchten Hauswänden bilden sie einen besonders schönen Kontrast.

Es gibt dunkle Dachpfannen, blaue und sogar grüne – dies scheinen aber eher exklusive Sonderanfertigungen zu sein. Allgemein überwiegen rötlichbraune Farbtöne. Neben ihrer Wölbung zeigen sie über ihre ganze Länge eine Art Falz, in den eine nebenliegende Pfanne einrasten kann. Am oberen Ende der Unterseite befindet sich ein kleinerer, mit dem die Pfanne auf den Dachlatten Halt findet. Soviel zur technischen Seite. Für Malerei und Zeichnung sind Form und Farbe dieses Materials, mehr aber noch sein Gesamtzusammenhalt und dessen Struktur, wichtig.

Dächer der Altstadt von Dubrovnik (schwarze Tusche, Feder)

Die einzelnen Dachpfannen zeigen hier eine gleichmäßige und starke Wölbung nach oben. Die Dächer haben einen recht hellen Rotton, der aber nicht einheitlich aussieht. In dieser Zeichnung spielt die Farbigkeit natürlich keine Rolle. Im Mittelpunkt steht deutlich die Struktur. Die Linien sind nicht pedantisch genau gezogen, sondern zeigen eine schnelle „Handschrift". Dies ist eine bestimmte Form der Darstellung, die sich zwar von fotografischer Genauigkeit stark unterscheidet, aber dennoch geeignet ist, das Wesentliche festzuhalten und auch Strukturen klar aufzuzeigen. Zum Hintergrund hin werden sie immer mehr zu Andeutungen. Das reicht in diesem Zusammenhang völlig aus und verstärkt noch den räumlichen Aspekt. Noch eines wird aus dieser Zeichnung deutlich: Die Dächer sind nicht mehr brandneu. Ein Teil ihrer Pfannen ist beschädigt oder liegt nicht mehr richtig fest auf. So gibt sie nicht nur eine Information über eine bestimmte Struktur, sondern eine zusätzliche über deren Beschaffenheit.

Ein Stück Dach (Pastell, Braunkreiden, Buntstifte)

Diese Abbildung zeigt den Ausschnitt eines Daches mit Dachpfannen, wie sie für die vorige Zeichnung beschrieben sind. Eine genauere Vorzeichnung wird notwendig. Die Form der einzelnen Elemente, mehr noch ihren perspektivisch richtigen Verlauf, gilt es festzulegen. Die Stellung des Schornsteins muß ebenfalls passen. Die eigentliche Zeichenarbeit beginnt mit Pastellstiften in rötlichen Farbtönungen. Hier wird aber immer mit Braunkreiden „hineingegangen". Eine farblich insgesamt stimmige Tönung

der gesamten Fläche ist bald erreicht. Die Zeichnung wird auf braunem Zeichenpapier gefertigt. Diese Grundtönung vereinfacht den Einsatz von Farben. Die einzelnen Pfannen müssen Lichter und Schatten bekommen. Ihre Wölbung ist bereits durch dunkle Schattenlinien auf der unteren Kante angezeigt. Erst Licht und Schatten besorgen die endgültige plastische Wirkung. Die mit Pfannen bedeckte Fläche ist nun fertig.

Etwas Mühe macht noch der Schornstein. Der Verlauf des Mauerwerks wird flüchtig angedeutet. Einige Steine bekommen ein farblich anderes Aussehen, um eine zu einförmige Wirkung zu vermeiden. Der Putz muß an seinem unteren Ende verwittert und bröckelig gestaltet werden. Ein bißchen blauer Himmel ist der geeignete Kontrast zu diesem rötlich-braunen Dach.

Südliche Dächer (Pastell, Sepia)

Diese Zeichnung gibt wieder einen größeren Überblick über die unterschiedliche Gestalt von Dächern. Im Süden verlaufen sie relativ flach, und die Pfannen zeigen wieder die schon beschriebene, stark nach oben ausgerichtete Wölbung. Es wird, ähnlich wie beim vorigen Beispiel, wieder eine genauere Vorzeichnung gemacht. Pastelle sind wesentlich weicher als Braunkreiden und erlauben eine feinere und präzisere Zeichnung. Vor allem für die Dachpfannen wird auch ein Wischer benutzt. Die Unterkanten der einzelnen Elemente werden mit einem kleinen Sepiastift gezeichnet. Damit kommen feine Linien zustande, die der Anordnung der Dachziegel folgen.
Dächer und Dachziegel lassen sich mit sämtlichen Zeichen- und Malmaterialien gut darstellen.

wisses Flair, eine Atmosphäre, in der man gerne eine Weile bleibt. – Für Malerei und Zeichnung bieten Straßenpflaster Strukturen und Oberflächen in Fülle. Die Darstellung fällt nicht immer leicht. Es handelt sich ja hier um ein Ganzes, das aus einer Unmenge einzelner Teile besteht, die dargestellt werden wollen oder zumindest hinreichend angedeutet.

Ein gepflastertes Stück Straße (Bleistiftzeichnung)

Diese Abbildung zeigt einen kleinen Straßenausschnitt von schräg oben gesehen. Die Perspektive spielt hier eine gewisse, aber nicht zu starke Rolle. Gezeichnet wird auf einem festen weißen Zeichenkarton mit Bleistiften mittlerer Härtegrade (HB, H, 2H). Die Vorzeichnung umreißt Gestalt und Größe der einzelnen Steine und zeigt ihre Einordnung in den gesamten Zusammenhang. Die Steine selbst werden kaum bearbeitet. Einige Unregelmäßikeiten der Oberflächen erfordern nicht sehr viel Strichelei. Anders verhält es sich mit den Kanten. Hier müssen Lichter und Schatten erscheinen und auch Kerben, kantige und weiche Stellen sollen auftauchen. Die Darstellung der Zwischenräume erfordert ebenfalls einige Aufmerksamkeit. Eine langweilige Wirkung ist natürlich nicht erwünscht. Unterschiedliche Grautöne helfen dabei. Einige kleine Steinchen werden dazwischengestreut, um noch etwas aufzulockern.

Gepflasterte Straße, Kopfsteinpflaster (schwarze Tusche, Pinsel)

Eine Vorzeichnung wird hier nicht gemacht, sondern das Motiv in der vorliegenden Form aus der Anschauung entwickelt. Es hat kein bestimmtes Vorbild, kann fast überall sein und dient einfach dazu, zu demonstrieren, wie schnell der Eindruck von Kopfsteinpflaster erzeugt werden kann. Die Zeichnung beschränkt sich auf Konturen, verzichtet auf Schattierung und Oberflächengestaltung der einzelnen Elemente und wendet zur räumlichen Wirkung überwiegend das Mittel der Überschneidung an. Ganz ähnlich wurde bereits bei der Darstellung von Geröll gearbeitet. Streng genommen handelt es sich in diesem Beispiel um nichts anderes, nur, daß alles in eine strenge Form und Ordnung gebracht ist. Pflasterung läßt sich mit allen zeichnerischen Mitteln gut darstellen.

Straßen, Gehwege, Plätze

Straßenpflaster

Gepflasterte Straßen und Plätze bieten dem Auge erheblich mehr als Asphalt und Beton. In manchen älteren Städten gibt es Marktplätze, die sehr kunstvoll gepflastert sind. Unterschiedliche Steine sind in verschiedenen Formen zusammengefaßt und bilden im großen Kontext eine sehenswerte Komposition. Granite, Gneise, Basalte, aber auch Sandstein sind die gebräuchlichsten Gesteinsarten. Die ersteren drei Arten versprechen durch ihre Härte eine besonders lange Lebensdauer. Hier gibt es farbliche Variationsmöglichkeiten und unterschiedliche Effekte durch die Verwendung verschiedener Größen. Gepflasterte Plätze und Straßen sind anheimelnder als betonierte. Sie verbreiten ein ge-

Straßenecke, gepflastert (Aquarell)

Zur Vorbereitung ist hier eine Vorzeichnung nötig. Umbra, Terra di Siena, Grün und Kobaltblau werden zur farbigen Gestaltung ausgewählt. Die Malerei beginnt gleich mit den Steinen. Ihre oberen Seiten müssen heller gehalten werden als die dem Betrachter zugewandten. Hier entstehen Schattenpartien, die hart an die hellen Oberseiten der jeweils davorliegenden Steine stoßen. Diese Kontraste müssen konsequent über der gesamten Fläche der Steine erscheinen. Hierdurch ergibt sich nicht nur ein räumlicher Effekt, sondern auch noch der Eindruck eines hinter der Hausecke befindlichen Lichts. Die Steine weit hinten werden nur knapp mit Farbe versehen. Sie erscheinen dadurch beleuchtet. Die vorderen werden nach und nach dunkler; das deutet an, daß sie im Schatten der Hausecke liegen. Insgesamt ist die Anforderung an die Konsequenz in dieser Abbildung größer als an ausgefeilte malerische Technik.

Gehweg, Bordstein, ein Stück Straße

Vermögen Gebäude mit ihren Mauern den dar-
überschweifenden Blick schon nicht besonders zu
fesseln, so tun es Gehwege oder Straßenstücke
noch weniger. Man geht, steht oder fährt auf diesen von Menschenhand gefertigten Gebilden herum, ohne sie richtig wahrzunehmen. Ein Loch auf
dem Gehweg oder der Straße dagegen erregt die
Aufmerksamkeit. Es durchbricht das Gewohnte,
hemmt die Geschäftigkeit – es gehört dort einfach
nicht hin. Für die Dauer der Störung mag das stille
Funktionieren der heilen Struktur bewußt werden.
Nein, das Gewohnte ist nicht gerade ein Blickfang.
Daher tauchen Gehwege oder Straßen kaum als ei-
gentliches Motiv auf. Straßen jeglicher Art sind auf
Bildern oft zu sehen, jedoch lediglich als
Hintergrund für die Schilderung menschlicher
Begegnungen.

Ein Stück Gehweg, Gehwegplatten (Mischtechnik)

Was ist dran an einem solchen Motiv? Es erscheint
ziemlich banal. Bei näherem Hinsehen und näherer
Beschäftigung damit öffnen sich allerdings einige
Möglichkeiten.
Für dieses Beispiel wird eine kleine Vorzeichnung
angelegt. Sie bestimmt Größe und Form der einzelnen Platten und legt die Perspektive fest. Mit
Acrylfarbe – einem schwachen Umbraton – werden
die Zwischenräume gezeichnet. Die Plattenkanten
bekommen hierbei auch ihre ersten Unregelmäßig-
keiten, denn die Linien werden nicht mit einem
Lineal gezogen. Einbuchtungen und Kerben an den
Kanten sind realistisch wiedergegeben und machen
natürlich die Zwischenräume interessanter. Ein für
die Malerei eher ungewöhnliches Werkzeug kommt
nun zum Einsatz – eine alte Zahnbürste. Sie wird in
eine Acrylmischung aus Kobaltblau, Chromoxydgrün und Umbra getaucht, die nun vorsichtig auf
die Malfläche gesprüht wird. Der Nahbereich ganz
unten erhält somit die größeren Spritzer. Nach
oben hin sollten sie kleiner und feiner geraten, um
der Perspektive der Abbildung gerecht zu werden.
Mit einem verstärkten Umbraton geht es wieder an

die Zwischenräume. Einige Risse und Kerben auf der Oberfläche der Platten werden in diesem Arbeitsschritt mitgestaltet. Das Ganze muß jetzt einmal trocknen. In einem Schälchen wird jetzt Dammarfirnis mit Ölfarbe in Umbra angemischt. Der Farbanteil muß gering sein, denn es soll ein hauchdünner, gut durchsichtiger Film auf der Malerei entstehen. Diese Mischung wird nun über die ganze Bildfläche verteilt. Hierzu kann man einen Pinsel nehmen oder auch einen sauberen Lappen, der nicht fusselt. Der Umbraton gibt der ganzen Bildfläche allerdings ein zu einheitliches Aussehen. Ein kleiner Lappen und etwas Terpentinöl entfernen einen Teil der Dammarschicht von der Bildmitte bis zum oberen Rand. Das hat einen überraschenden Effekt. Dieser Beleuchtungseffekt verstärkt die perspektivische Wirkung. Letztlich wird der simple Bildgegenstand doch noch zu einem reizvollen Motiv.

Ein Stück Straße (Mischtechnik)

Hier wird ganz ähnlich wie beim vorigen Beispiel verfahren. Von den Formen her ist dies Motiv aber anspruchsvoller. Immerhin sollen fünf verschiedene Objekte mit unterschiedlichen Oberflächen darge-stellt werden. Die Ziegel im Hintergrund fallen, ebenso wie der Putz, farbig aus. Der Asphalt der Straße erhält neben Umbra einen stärkeren Zusatz von Blau. Bei den Bordsteinen ist es Chromoxyd-grün, während die Gehwegplatten Umbra und ein wenig Terra di Siena abbekommen. Neben Acryl werden hier auch Aquarellfarben verwendet. Die Firnisschicht hat wieder, wie oben, einen leichten Umbraton. Weiße Acrylfarbe spielt hier auch eine Rolle. Sie wird in den Bereich des Straßenasphalts und der Bordsteine gesprüht. Die Mischtechnik er-laubt ein durchgehendes Arbeiten – im Gegensatz zu einigen Maltechniken der Ölmalerei. In die je-weils feuchten Schichten, auch in die feuchte Firnisschicht, läßt sich gut hineinarbeiten. Eitempera eignet sich dazu noch besser als Aquarell oder Acryl. Vor dem Auftragen der jeweiligen Firnisschicht muß der Untergrund allerdings ge-trocknet sein. Bei Wasserfarben geht dies jedoch schnell. Das vorgestellte Motiv ist eine dankbare Aufgabe für die Darstellung von Oberflächen und Strukturen.

Glas

Fensterscheiben

Fenster sind die „Augen" der Häuser und Wohnungen. Sie fallen viel mehr auf als irgendwelche Besonderheiten der Mauern. Erregen sie schon tagsüber Aufmerksamkeit und eine gewisse Neugier, so erst recht bei Dunkelheit: Da offenbaren sie manchmal das Innere, was tagsüber von außen nicht sichtbar werden kann, da oftmals die Spiegelung dem neugierigen Blick Einhalt gebietet. Einzelne Fenster sind unter diesem Aspekt meist interessanter als große Fensterfronten, wie man sie oft bei architektonisch eigenwilligen Hochhäusern bewundern kann. Letztere besitzen allerdings einen anderen Reiz: Ihr spiegelndes „Tagesgesicht" vermag zu fesseln. Die Welt herum findet sich hier facettenreich und mit wechselnden Lichtern wieder.

Fensterfront (Bleistiftzeichnung)

Fensterfronten wie die hier abgebildete sind allgegenwärtig und überhaupt nichts Besonderes. Sie können zu einem der üblichen älteren Wohnblocks oder zu einem eher langweiligen Bürogebäude gehören. Die Elemente „Fenster" sind einfach in regelmäßigen Abständen aneinandergereiht und vermögen nichts Interessantes herzugeben. Und doch, die Spiegelung der Fensterscheiben entschädigt ein wenig für die Langeweile der Architektur. Hier schmückt sich die Häuserfront mit einem viel spannenderen Äußeren. Sie nimmt die Außenwelt in sich auf, wird zu einer kleinen Bildergalerie. Die hier vorliegende Abbildung bedarf einer eingehenden Vorbereitung. Schließlich müssen Größenverhältnisse und Perspektive stimmen, sonst geht jede Wirkung verloren. Auch die Beschaffenheit der Fenster, mit Fensterrahmen und Fensterbrettern,

muß klar sein. Erst nach dieser etwas zeitraubenden Vorarbeit kann die plastische Ausarbeitung beginnen. Hierzu werden Bleistifte im mittleren Bereich benutzt. Die verputzten Wandteile können hiermit gut in Schummertechnik ausgeführt werden. Auf die Darstellung von Besonderheiten, wie Risse oder abgeblätterte Flächen, wird bewußt verzichtet. Allein den Fensterausschnitten soll die ganze Aufmerksamkeit gehören. Die Schatten auf den nach innen gehenden Flächen und unter den Fensterbänken müssen so präzise wie möglich gestaltet werden. Die Fensterscheiben selbst bleiben größtenteils frei. Allein an den oberen Seiten erhalten sie ein wenig Schattierung. Jetzt beginnt der eigentliche Clou, die Darstellung der Spiegelung auf den Scheiben. Hier werden Bäume vorausgesetzt, die vor der Hauswand wachsen, aber selbst unsichtbar bleiben sollen. Bei der Gestaltung der Bäume hat man so völlige Freiheit. Eine vollständige Spiegelung der Bäume gibt es jedoch nicht, weil sie ja immer wieder durch Teile der Mauer unterbrochen wird. So muß sich die Spiegelung in den unteren Fenstern, mit Unterbrechung, in den oberen fortsetzen.
Für eine Aufgabe dieser Art sind Bleistifte bestens geeignet.

Fensterfront, Hochhaus (Acryl)

Bei diesem Ausschnitt von der Fensterfront eines Hochhauses ist die Vorzeichnung wieder ein ganz wichtiger Teil der Arbeit. Sie wird auf einem einfachen, nicht ganz weißen Aquarellpapier ausgeführt. Da die Fenster nur Himmel und Wolken widerspiegeln sollen, wird Farbe äußerst sparsam verwendet. Das Vermeiden allzu intensiver Farbtöne von Anfang an erlaubt ein Nach-und-Nach-Vorarbeiten und hilft, Korrekturen zu vermeiden.
Gleichermaßen kommen Naß-in-Naß-Technik und Lasur zur Anwendung. Die Andeutung von Himmel und Wolken erweckt den Eindruck des Atmosphärischen. Einzig das Gerüst aus Metall und Beton, in dem sich die Fenster befinden, vermittelt Stabilität und Festigkeit, die allein abzubilden aber eher uninteressant ist. Belebt wird sie einzig von dem, was sich in den Fenstern abspielt.
In diesen beiden Beispielen wurden Tagessituationen vorgestellt. Sie zeigen aber auf, wie viele Variationen möglich sind und wie doch recht einfache Strukturen durch Herausstellen spezifischer Oberflächen wirklich interessant werden können.

Zerbrochene Fensterscheiben

Mehr noch als ein herausgefallener Ziegel deuten zerbrochene Fensterscheiben auf Verfall hin. Sind sie in einem Gebäude zerbrochen, erscheint es aufgegeben, verwahrlost und dem Zerfall und Abriß preisgegeben. Ein Gebäude mag dagegen noch so alt und ungepflegt in seinem Mauerwerk sein – es kann immer noch bewohnt und lebendig wirken. Alles scheint noch irgendwie reparabel. Zerbrochene Scheiben wirken jedoch allemal trostlos.

Zerbrochene Scheiben, Außenansicht (Aquarell)

Dieses kleine Fenster befindet sich an der abgelegenen Seite eines Fabrikgebäudes. Die Fabrik arbeitet schon lange nicht mehr, und die leerstehenden Räume werden nicht anderweitig genutzt. Hier findet also langsamer Verfall statt, der immer mehr Spuren hinterläßt. Dazu gehören auch die zerbrochenen Fensterscheiben. Aufgegebene Gebäude scheinen zu Vandalismus zu reizen. Offenbar wurden auch diese Fensterscheiben durch Steinwürfe zerstört.
Die Lage des Fensters im Gemäuer, seine Form und seine Aufteilung sowie das Mauerwerk selbst werden durch eine genaue Vorzeichnung bestimmt. Hier bedarf es keiner Korrekturen mehr. Der Fensterrahmen und seine Aufteilung werden zuerst gemalt. Die Fensterscheiben erhalten einen Farbton aus Kobaltblau, etwas Umbra und Schwarz. Nach unten und zur Mitte hin überwiegt ein bläulicher Ton, der aber zu den Seiten hin und besonders

nach oben um einiges dunkler wird – die Schattenpartie. Die Stellen, an denen das Glas fehlt, werden mit Kobaltblau und vor allem Schwarz ganz dunkel dargestellt. Nur die linke untere Fensterscheibe wird anders behandelt. Hier scheint noch ein anderes Fenster durch, das sich auf der dahinterliegenden Gebäudewand befindet. Dies erfordert eine differenzierte Darstellung. Durch die übriggebliebenen Fensterreste erscheint das andere Fenster, bzw. Rahmen und Gitterwerk, ein gutes Stück heller als durch die offene Lücke. Das dahinterliegende Fenster fördert natürlich den Eindruck von durchsichtigem Fensterglas.

Nach Fertigstellung des Hauptteils des Bildes kann sich die Aufmerksamkeit den anderen Elementen zuwenden. Die verwitternde verputzte Wand und das Mauerwerk im Vordergrund sollen insgesamt den Eindruck von allmählichem Verfall verstärken. In der Abbildung bilden Oberflächen und Strukturen eine Einheit.

Eine Wiedergabe mit zeichnerischen Mitteln kann zu guten Ergebnissen führen.

Zerbrochene Fensterscheibe, von innen gesehen (Aquarell)

Von innen gesehen sieht alles ganz anders aus. Es ist ja auch der Blick aus dem Dunklen ins Helle. Dieser Aspekt tauchte bereits im vorigen Kapitel auf (linke untere Fensterscheibe).

Das Fensterglas bzw. seine Reste wirken in dieser Darstellung beinahe milchig, jedenfalls nicht gerade frisch geputzt. So könnte es ein Fenster in einem Gebäude sein, das bereits längere Zeit leersteht. Durch die offene Stelle sind der Himmel und vor allem die Bäume klar und eindeutig zu sehen. Die Glasscheibe und ihre Reste, die sich noch im Fensterrahmen befinden, bekommen einen äußerst schwachen Ton von Blau und Umbra. Einige Zacken auf der linken Seite erhalten helle Kanten. Hier schimmert einfach das Weiß des Malgrundes durch.

Eine Aufgabe wie diese läßt sich mit malerischen Mitteln gut lösen. Wie bei anderen Motiven auch, muß man sich aber darüber im klaren sein, welcher Tatbestand eigentlich vorliegt. Eine solche Anschauungsarbeit ruft nach genauer Betrachtung, aber auch nach logischer Überlegung. Die gedankliche Klarheit über ein Motiv ist Voraussetzung für ein richtiges Vorgehen, damit man sich wildes Herumkorrigieren erspart.

Flaschen, gläserne Vasen, Gläser

Gebilde aus Glas sind seit jeher beliebte Gegenstände von Zeichnung und Malerei. Ihre Durchsichtigkeit, die Farbigkeit und vor allem die Reflexe reizen immer wieder zu bildlicher Wiedergabe. Sowohl die Zeichnung als auch das gemalte Bild beweisen dabei eigene Vorzüge. Die Bleistiftzeichnung, die mit Grauwerten arbeitet, bringt beim Bildobjekt Glas ganz andere Durchsichtigkeiten heraus als ein Werk, das farblich „aus dem Vollen schöpft". Beide mögen sich mit Blick auf die Wirkung in nichts nachstehen.

Zwei Flaschen (Pastellzeichnung)

Für diese Pastellzeichnung wird ein rauhes, grobkörniges Papier mit blaugrauer Tönung ausgesucht. Die Form der beiden Flaschen wird mit Bleistift vorgezeichnet. Sie sehen etwas versetzt hintereinander. Unter- und Hintergrund sind durch eine waagerechte Linie getrennt; sie soll später durch die Flaschen hindurch zu sehen sein. Zunächst wird der Hintergrund mit einem mittleren Blau versehen. Im

Bereich der beiden Flaschen erfolgt der Farbauftrag sehr zögerlich. Hierbei bekommt die hintere Flasche, die aus weißem Glas bestehen soll, deutlich mehr ab als die vordere aus grünem Glas. Mit dem Untergrund wird nun ähnlich vorgegangen. Ein heller Ockerton wird in kräftigen Strichen aufgetragen; diese Striche blieben unverwischt. Die grüne Flasche nimmt jetzt als erstes Objekt nach und nach Gestalt an. Hier wird mit einem sehr dunklen Grün gearbeitet. Die kräftigsten Linien kommen an die Seiten und auf eine Partie des Flaschenbodens. Die Mitte der Flasche muß insgesamt heller gehalten werden. Auf diese Weise und je mehr die Farben aufeinander abgestimmt werden, erscheint dieser Glaskörper rund. Die Lichter werden mit Weiß aufgesetzt. Beachtung verdienen hierbei der Boden und der Flaschenhals. Mit der hinteren Flasche wird ganz ähnlich verfahren. Hierzu braucht es aber nur Weiß. Die durchsichtige Körperlichkeit dieses Objekts ist sehr viel rascher zu erzielen als bei der grünen Flasche. Bei beiden Objekten muß die Lichtrichtung genau beachtet werden. Sie entscheidet über die Anordnung der Lichter und Schatten. Schlagschatten auf dem Untergrund werden zuletzt dargestellt. Sie verbessern den räumlichen Effekt.

Gläserne Vasen und eine Flasche (Bleistift)

Die Vorzeichnung erfordert hier einige Mühe. Schließlich müssen die Formen genau stimmen. Dabei ist Symmetrie nicht so ohne weiteres darstellbar; es muß immer wieder der Vergleich mit den wirklichen Objekten vorgenommen werden. Die Korrektur etlicher Linien ist also ganz normal. Bei dieser Zeichnung wird von links nach rechts gearbeitet und die Lichtreflexe genau beobachtet, um sie so gut wie möglich in die Zeichnung zu übertragen. Die besonders dunklen Stellen befinden sich an den Seiten und am Boden der Vase. Licht und Schatten folgen natürlich der Form des Gefäßes und gewinnen hier eine typische Ausrichtung. Als zweites Objekt wird die Flasche gezeichnet. Hier überwiegen leichte Grautöne. An den Seiten und am Boden sind wie beim nebenstehenden Objekt, die dunkelsten Stellen zu finden. Ausnahme ist das kleine Stück Korken im Flaschenhals – es bedeutet noch einige Feinarbeit. Die Vase rechts vorne hat eine völlig andere Form, mit ganz anderen Lichtern und Schatten auf der Oberfläche. Mit ihrer eigentümlichen, bauchigen Wölbung mutet sie wei-

59

cher an als die anderen Formen. Besondere Beachtung verlangt die Stelle, die einen Teil der hinter dem Gefäß stehenden Flasche durchscheinen läßt. Diese ist bei der linken Vase aber noch etwas problematischer. Zum Schluß werden die Schatten auf den Untergrund gezeichnet. Kern- und Halbschatten sind wegen der Durchsichtigkeit der Gefäße und der aus dem Hintergrund dringenden Lichtrichtung deutlich ausgeprägt. Diese Arbeit wird vor den Objekten gemacht, d. h. Lichter und Schatten auf der Zeichnung entsprechen den tatsächlich vorhandenen. Einfacher, aber auch sehr wirkungsvoll hätte man nach „logischen" Lichtern arbeiten können. Die genaue Beobachtung verspricht dennoch den besseren Erfolg.

Diese Zeichnung wurde mit Bleistiften mittlerer Härtegrade gefertigt. Mit Zeichenkohle, Graphit und Kreide läßt sich dieses Motiv ebenfalls treffend bearbeiten. Die Wirkung wäre aber bei jedem Material eine andere.

Große Glasvase 1 (Bleistift)

Diese größerformatige Zeichnung zeigt nur ein Objekt – eine große Vase aus Glas. Eine präzise Vorzeichnung ist auch hier unumgänglich. Die Schwierigkeit besteht dabei darin, die schöne Wölbung symmetrisch herauszubekommen. Immer wieder sind Korrekturen notwendig. Ohne Hilfsmittel bedarf es schon genauer Wahrnehmung, um zu einer zufriedenstellenden Vorzeichnung zu

gelangen. Erst jetzt kann die Phase des Zeichnens beginnen, die das Gebilde plastisch gestaltet. Fast die gesamte Fläche der Vase erhält einen mittelgrauen Ton in sich, an einigen Stellen differenziert. Die Ränder geraten stellenweise deutlich dunkler und sind zwischendurch von hellen Streifen unterbrochen. Besonderes Augenmerk gilt den Licht- und Schattenverhältnissen auf dem Gefäßboden und am Vasenhals. Die Wulstigkeit des Glases an der Öffnung sollte auch in der Zeichnung erscheinen.

So einfach die Form dieses Objekts auch ist, eine genaue Darstellung verlangt einige Beobachtungsgabe und sicher auch etliche Korrekturen.

Große Glasvase 2 (Acryl)

Die Form ist schon bei der Bleistiftzeichnung festgelegt und wird für diese Abbildung übernommen. Die Vorzeichnung geht also wesentlich schneller. Angestrebt ist eine Darstellung mit möglichst wenig Mitteln. Das Ganze soll durch einen starkfarbigen Hintergrund erleichtert werden. Die Form ist ja bereits auf dem Papier. Mit Weiß werden jetzt die Lichter gesetzt. Ihre Stelle und Ausformung müssen stimmen. Die Lichtrichtung verläuft von links nach rechts. Am unteren linken Teil des Gefäßes und an der rechten Seite erscheinen in schmalen Strichen Schatten. Öffnung und Boden verlangen etwas mehr Aufmerksamkeit. So gelingt es, die Vase mit wenig Mitteln wirkungsvoll darzustellen.

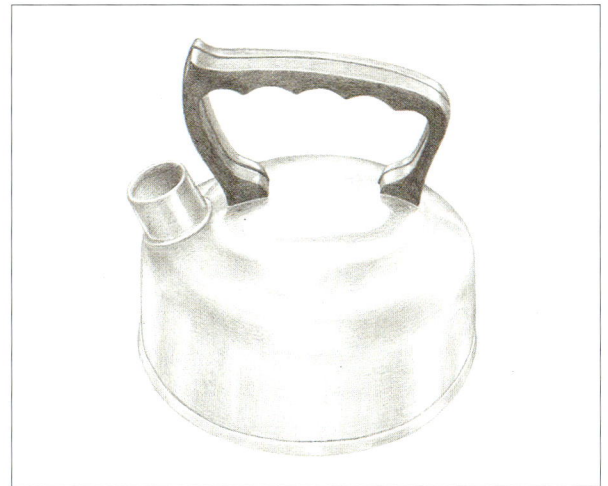 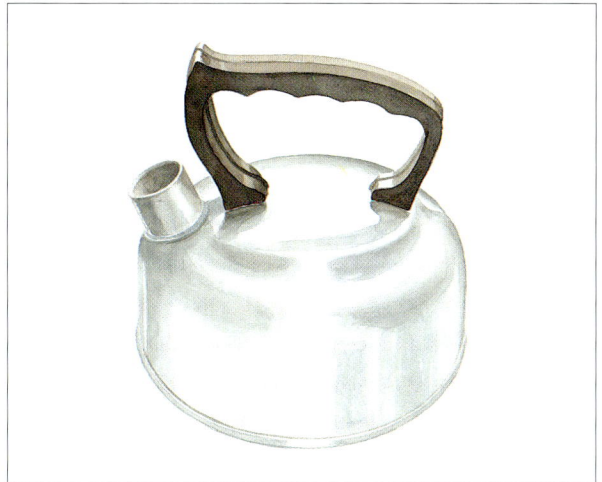

Metalle

Aluminium, Wasserkessel

Nein, den blendenden Glanz von Alufolie hat er nicht, der alte Wasserkessel; um den zu bekommen, muß er auch immer wieder geputzt werden. Am Ende bleibt er halt doch immer noch ein wenig stumpfer in seinem Aussehen. Ein Gebrauchsgegenstand, ein Alltagsobjekt, sehr nützlich und bei näherer Betrachtung von eigentlich ganz elegantem Aussehen. Das Material hat den Vorteil großer Leichtigkeit. Verchromte Gefäße glänzen zwar mehr, sind aber gewöhnlich um einiges schwerer. In der Darstellung von Aluminiumgegenständen muß man sich jedenfalls nicht um einen „Superglanz" bemühen.

Wasserkessel (Bleistiftzeichnung)

So schlicht dieser Gegenstand erscheinen mag, seine Form ist es genaugenommen nicht. Da ist die Rundung, die andere Gefäße auch haben. Da ist aber auch eine Wölbung. Und die bildet keinen gleichförmigen Übergang, sondern ist in sich noch einmal abgestuft. Ausguß und Griff sind andere Komponenten, die die Zeichnung erschweren. Gearbeitet wird hier mit Bleistiften der Härtegrade HB bis 4H. Sie liegen also im härteren Bereich. Zeichengrund ist ein stabiles weißes Papier mit glatter Oberfläche. Die härteren Bleistifte vermeiden ein rasches Abrutschen in zu starke und zu dunkle

Linien und eignen sich für einen allmählichen Aufbau der Zeichnung viel besser als weiche Stifte. Die Grautöne geraten auch differenzierter und sehr viel feiner. Bei dieser Zeichnung muß zunächst einmal die Vorzeichnung genau stimmen. Während des eigentlichen Zeichenvorgangs wäre ein Korrigieren der Form nicht nur hinderlich, sondern kann womöglich durch zusätzliches Radieren die Zeichnung verschmieren. Jetzt beginnt das Zeichnen. Eher zögerlich und mit leichter Hand entstehen die ersten gestrichelten Flächen. Die hellen Lichtstellen bleiben ganz unbearbeitet. Für den metallischen Effekt sind diese Lichtstellen besonders wichtig. Sie gilt es also zu bewahren und im späteren Verlauf hervorzuheben. Dunkle Schattierungen werden nicht nur zu den Rändern hin angelegt. Auch im mittleren Bereich muß hiermit gearbeitet werden. Um den Griff und den Ausguß herum gilt es, Schatten anzulegen. Dies geschieht behutsam und muß stimmen. Der ständige Vergleich mit dem vor Augen befindlichen Gegenstand ist unbedingt notwendig. Beim Ausguß soll so gezeichnet werden, daß man hier deutlich ins Kesselinnere hineingeht. Etwas einfacher wird es mit dem schwarzen Kunststoffgriff. Die Oberseite, die vordere und die Unterseite müssen voneinander abgesetzt werden, um ihn plastisch wirken zu lassen. Seine eigenwillige und zugleich griffige Form gilt es zu betonen. Die Basis des Gegenstandes wird zum Schluß mit einer starken Linie abgesetzt.
Eine solche Arbeit ist etwas aufwendig und sie verlangt genaues Hinsehen. Mit dem vorgestellten Zeichenmaterial ist ein guter Erfolg aber gesichert.

Wasserkessel, noch einmal, diesmal in Aquarellversion

Alles, was zur Vorbereitung des eigentlichen Arbeitsganges vorhin gesagt wurde, gilt auch für dieses Beispiel. Die Vorzeichnung muß wieder „stehen". Folgende Farbtöne werden für dieses Beispiel ausgesucht: Umbra, Kobaltblau und Chromoxydgrün. Um den metallenen Eindruck herauszuarbeiten, dürfen die Farben nicht zu intensiv aufgetragen werden. Hier wird ähnlich zögerlich wie bei der Bleistiftzeichnung begonnen. Die hellen Stellen sollen hell bleiben und dürfen keinen Farbtupfer erhalten. Die Bleistiftzeichnung ist vor diesem Beispiel entstanden und für den Verlauf der Arbeit sehr nützlich. Nicht nur die Verteilung von hell und dunkel läßt sich daran ablesen, sondern auch die Intensität der Schatten. Letzteres ist für dies Aquarell besonders wichtig.

Der Plastikgriff erhält eine Tönung mit Umbra, Blau und ein wenig Schwarz. Seine Eigenart und seine andere stoffliche Beschaffenheit kommen genauso deutlich heraus, wie im vorigen Beispiel. Wenig Farbe, aber viel Aufmerksamkeit sind der Schlüssel zu einer Arbeit wie dieser.

Mit Tempera und Acryl hätte das Ergebnis kaum anders ausgesehen. Deckende Malverfahren wirken dagegen eher schwerer. Der Eigenart des Materials Aluminium kann man aber auch damit gerecht werden.

Eisen

Beständigeres als Eisen und Stahl vermag man sich normalerweise kaum vorzustellen. Dazu ist es zu fest und auch bedeutend härter als die meisten anderen Materialien. Der relativ rasche Zerfall von Eisenteilen ist um so erstaunlicher. Ungeschützt und der Witterung überlassen, überdauern die dicksten Eisenstücke ein Menschenleben meistens nicht. Ohne Konservierung durch dicke Farbschichten verrotten so stabile Eisen- und Stahlgebilde wie z.B. große Seeschiffe sichtlich in wenigen Jahren. Rost frißt sich von außen nach innen und verwandelt das ehemals so feste Material in eines, das in der Hand zerbröselt werden kann. Rostendes Eisen bietet interessante und abwechslungsreiche Oberflächen. Ist es sehr stark angegriffen, werden sie mehrschichtig.

Rostendes Eisenstück (Aquarell)

Dieses Eisenstück hat eine einfache Vierkantform. Sie ist in vielen Größen und Formaten üblich und vielseitig zu verwenden. In dieser Abbildung sollen einige Stellen blank sein, der größere Teil aber angerostet. Die blanken Stellen bekommen einen leichten Blauton. Schwieriger wird dann die Darstellung der rostigen Flächen. Terra di Siena, Englischrot, Umbra und etwas Ocker eignen sich dafür. Die Malerei beginnt zuerst mit leichten Tönungen. Es geht um ein behutsames und differenziertes Vorwärtskommen. Die Rostflächen sollen keinesfalls einen stumpfen, einheitlichen Braunton erhalten – der würde überhaupt nicht wirken. Es geht um eine eher fleckige Oberfläche – das Stück ist auch nur angerostet. In einem späteren Stadium würde die Oberfläche deutlich körnig aussehen. Hier bleibt alles noch relativ glatt. Licht- und Schattenbildung folgen der Form des Eisenstücks und sind nicht weiter kompliziert. Etwas anders verhält es sich mit der Öffnung. Auch sie ist ja angerostet, ebenso das Innere des Eisenstücks. Eine deutliche Zugabe von Umbra an den richtigen Stellen löst jedoch dieses Problem.

In Tempera, Acryl und mit Ölfarben lassen sich ähnliche Ergebnisse erzielen.

Ankerkette (Aquarellfarben, Acryl, Wachs)

Die Abbildung zeigt ein Stück Ankerkette, einen Ausschnitt also. Das Ineinandergreifen der einzelnen Glieder ist aber gut zu sehen. Genau dies muß die Vorzeichnung klar machen. Sie „löst" mit entsprechenden Umrissen diese technische Eigenheit. Die Malerei beginnt darauf mit Aquarellfarben, und zwar mit Terra di Siena. Mit einer schwachen Tönung wird die gesamte Eisenfläche bedeckt. Zu den Rändern hin intensiviert sich der Farbton nach und nach. Der mittlere Teil der einzelnen Kettenglieder erhält jetzt eine dünne Wachsschicht. Einfaches, ungefärbtes Kerzenwachs wird hierzu verwendet. Die bearbeiteten Stellen sollen die Lichtstellen werden. Die nachfolgenden Farbschichten werden von der Wachsschicht unregelmäßig abgestoßen. Das ist gut zur Darstellung einer etwas körnigen, aber noch dünnen Rostschicht geeignet. Van-Dyck-Braun und Umbra kommen nun ins Spiel. Gerade die dunkleren Partien werden immer wieder mit diesen Farbtönen übermalt. Auch Acrylfarben in den gleichen Farben finden Verwendung. Chromoxydgrün und Zinnoberrot ergänzen die Farbskala und können Dunkelheiten und

Helligkeiten an einigen Stellen weiter verstärken. Insgesamt entsteht so das plastische Bild der Ankerkette. Die Hauptschwierigkeit besteht in der Darstellung der Rundungen. Davon hängt die ganze Wirkung ab.

Nur mit Aquarellfarben wäre das Bild auch gelungen. Den Effekt der Wachsschicht aber hätte man nur mit ganz viel Mühe malen können.

Eine Darstellung mit Aquarell-Graphitstift

Die Vorzeichnung wird vom vorigen Beispiel übernommen. Bei diesem Graphitstift handelt es sich um ein sehr weiches Material, das überdies wasservermalbar ist. Schraffuren lassen sich auf dem relativ kleinen Format schlecht machen. Hier wird deshalb mit der Schummertechnik gearbeitet. Wieder bleiben die mittleren Teile der Kettenglieder hell. Die Dunkelheiten kommen an die Seiten und bewirken so den Effekt von Rundung. Schwieriger wird es bei der Darstellung von Rostflecken. Dazu wird der Graphitstift angefeuchtet, oder es wird auch in angefeuchtete Stellen hineingezeichnet. Dadurch entstehen ganz dunkle Flecken und Linien, die den Rost anzeigen.

Kupfer

Kupferne Gefäße finden sich auf vielen alten Gemälden. Sie sind dort Bestandteil von Stilleben und mit ihrem metallenen, aber warmen Ton eine harmonische farbliche Nuance. Oftmals sind sie besonders herausgestellt durch auffallende Größe und reiche Verzierungen. Kupferne Gefäße gibt es natürlich auch heute noch. Aber sie fallen durchweg schlichter aus. Durch seinen Farbton ist Kupfer ein besonders ansehnliches Metall. Es wird deshalb auch gerne zum Decken von Dächern benutzt, die auffallen sollen. Die sich später ansetzende grüne Patina macht sie natürlich weiter interessant und gibt so etwas wie ein „ehrwürdiges" Aussehen.

Kupferkanne 1 (Pastell)

Für die Zeichnung wird ein starkes und rauhes Aquarellpapier ausgesucht. Eine Vorzeichnung gibt der Kanne erste Gestalt. Zunächst wird jetzt der Hintergrund in Blautönen angelegt. Mit dem Untergrund geschieht dasselbe. Die Blautöne sollen

zum Farbton des Kupfers einen geeigneten Kontrast abgeben. Die Kanne bekommt nun ihren ersten farblichen Ansatz mit Lichtem Ocker. Hierbei werden die stärksten Lichtstellen frei gelassen. Diese Abbildung zeigt ein Zwischenstadium.

Kupferkanne 2

In diesem Schritt wird die Arbeit an der Kanne fortgesetzt. Die farbliche Gestaltung muß sehr differenziert werden. Für die tiefen Schatten kommen Umbra und sehr tiefe Brauntöne hinzu, teilweise wird sogar Schwarz mit hereingenommen. Immer wieder aber gilt die Aufmerksamkeit den Lichtern. Hier muß man viel probieren und korrigieren, bis alles gut aufeinander abgestimmt ist. Es ist nicht weiter schwer, warme Farbtöne zu finden. Daraus aber ein Ding mit metallischem Aussehen zu machen, ist nicht so leicht. Etliche Zwischenfixierungen können nötig sein, wenn einige Stellen immer wieder neu überarbeitet werden müssen.
Gute Erfolge in der Darstellung von Kupfer versprechen die meisten malerischen Materialien. Hier können auch gut Mischtechniken angewendet werden.